U0836686

基金会财务报表审计指引

中国注册会计师协会 制定

中国财政经济出版社

图书在版编目（CIP）数据

基金会财务报表审计指引/中国注册会计师协会制定.—北京：中国财政经济出版社，2013.2
ISBN 978-7-5095-4308-5

Ⅰ.①国… Ⅱ.①中… Ⅲ.①基金会—财务审计—审计制度—中国 Ⅳ.①F239.41②D632.1

中国版本图书馆CIP数据核字（2013）第032782号

责任编辑：梁 飞　　　　责任校对：黄亚青

中国财政经济出版社出版
URL：http：//ckfz.cfeph.cn
E-mail：ckfz@cfeph.cn
（版权所有 翻印必究）
社址：北京市海淀区阜成路甲28号 邮政编码：100142
发行处电话：88190406 财经书店电话：64033436
北京财经印刷厂印刷 各地新华书店经销
880×1230毫米 16开 7.5印张 150 000字
2013年3月第1版 2013年3月北京第1次印刷
定价：20.00元
ISBN 978-7-5095-4308-5/F·3493
（图书出现印装问题，本社负责调换）
本社质量投诉电话：010-88190744

中国注册会计师协会关于印发《基金会财务报表审计指引》的通知

会协［2012］231号

各省、自治区、直辖市注册会计师协会：

为规范注册会计师执行基金会财务报表审计业务，明确工作要求，提高执业质量，我会制定了《基金会财务报表审计指引》，现予印发，并自2013年1月1日起施行。执行中有何问题，请及时反馈我会。

附件：基金会财务报表审计指引

二〇一二年十一月三十日

目录

第一部分　基金会财务报表审计指引

第一章　总则 …… 3

一、制定目的和依据 …… 3

二、相关定义 …… 3

三、审计目标 …… 3

四、适用范围 …… 4

第二章　初步业务活动 …… 5

一、初步业务活动的目的 …… 5

二、初步业务活动的内容 …… 5

（一）实施相应的质量控制程序 …… 5

（二）评价遵守相关职业道德要求（包括独立性要求）的情况 …… 6

（三）就审计业务约定条款与被审计基金会达成一致意见 …… 6

三、审计业务约定书 …… 7

（一）审计的前提条件 …… 7

（二）审计业务约定书的内容 …… 7

第三章　计划审计工作 …… 9

一、总体审计策略 …… 9

（一）审计范围 …… 9

（二）审计的时间安排 …… 10

（三）审计方向 …… 10

（四）审计资源调配 …… 12

二、具体审计计划 …… 12

（一）计划实施的风险评估程序 …… 12
（二）计划实施的进一步审计程序 …… 12
（三）计划实施的其他审计程序 …… 12
三、首次审计业务的补充考虑 …… 13

第四章 风险评估 …… 14

一、了解被审计基金会及其环境 …… 14
（一）行业状况、法律环境和监管环境以及其他外部因素 …… 14
（二）被审计基金会的性质 …… 15
（三）对会计政策的选择和运用 …… 16
（四）目标、战略以及相关活动风险 …… 17
（五）财务业绩的衡量和评价 …… 18
二、评估重大错报风险 …… 18
（一）识别和评估重大错报风险的程序 …… 18
（二）可能表明存在重大错报风险的情况和事项 …… 18
（三）识别与评估重大错报风险 …… 19
（四）需要特别考虑的重大错报风险 …… 20
（五）仅通过实质性程序无法应对的重大错报风险 …… 21
（六）对风险评估的修正 …… 21

第五章 了解内部控制 …… 22

一、内部控制要素 …… 22
（一）控制环境 …… 22
（二）被审计基金会的风险评估过程 …… 24
（三）与财务报告相关的信息系统（包括相关业务流程）与沟通 …… 25
（四）控制活动 …… 25
（五）对控制的监督 …… 26
二、识别和评价业务流程中的内部控制 …… 26
（一）了解业务流程的主要步骤 …… 27
（二）确定错报可能发生的环节 …… 29
（三）了解和识别相关控制 …… 32
（四）执行穿行测试 …… 35

第六章 进一步审计程序 …… 36

一、控制测试 …… 36
（一）一般要求 …… 36

（二）控制测试程序 …… 38
二、实质性程序 …… 42
（一）实质性程序的总体要求 …… 42
（二）实质性程序的目标 …… 42
（三）实质性程序示例 …… 43

第七章 审计报告 …… 55

一、完成审计工作 …… 55
二、审计报告的基本内容 …… 56
三、审计报告的类型 …… 57

第八章 附则 …… 60

附录一：审计业务约定书参考格式 …… 61
附录二：专项信息审核业务约定书参考格式 …… 65
附录三：审计报告参考格式 …… 69
（一）无保留意见审计报告参考格式 …… 69
（二）保留意见审计报告参考格式 …… 70
（三）否定意见审计报告参考格式 …… 71
（四）无法表示意见审计报告参考格式 …… 73
（五）带强调事项段的无保留意见审计报告参考格式 …… 74
附录四：专项信息审核报告参考格式 …… 76

第二部分 相关文件

关于加强和完善基金会注册会计师审计制度的通知 …… 81
基金会管理条例 …… 85
基金会年度检查办法 …… 92
基金会信息公布办法 …… 94
社会组织评估管理办法 …… 96
中华人民共和国公益事业捐赠法 …… 101
民政部关于印发《关于规范基金会行为的若干规定（试行）》的通知 …… 105

第一部分

基金会财务报表审计指引

第一章　总　则

一、制定目的和依据

为了规范注册会计师执行基金会财务报表（也称会计报表）审计业务，明确工作要求，保证执业质量，根据中国注册会计师审计准则（以下简称审计准则）、《民间非营利组织会计制度》、《基金会管理条例》、《关于加强和完善基金会注册会计师审计制度的通知》（财会［2011］23号）及其他有关法律法规，制定本指引。

本指引在审计准则的总体框架下，按照风险导向审计思路，着重突出基金会财务报表审计工作的特殊方面。对于未在本指引中予以规范的基金会财务报表审计工作所涉其他事项，注册会计师需要遵守相关审计准则的规定。

二、相关定义

本指引所称基金会，是指利用自然人、法人或者其他组织捐赠的财产，以从事公益事业为目的，按照《基金会管理条例》的规定成立的非营利性法人。基金会包括公募基金会和非公募基金会。

基金会财务报表包括资产负债表、业务活动表、现金流量表以及财务报表附注。财务报表附注是为便于财务报表使用者理解财务报表的内容，对财务报表的编制基础、编制依据、编制原则和方法及主要项目等所作的解释。

三、审计目标

注册会计师通过计划和执行审计工作，对财务报表整体是否不存在由于舞弊或错误导致的重大错报获取合理保证，对财务报表是否在所有重大方面按照《民间非营利组织会计制度》的规定编制发表审计意见，出具审计报告。

在任何情况下，如果不能获取合理保证，并且在审计报告中发表保留意见也不足以实现向财务报表预期使用者报告的目的，注册会计师需要按照审计准则和本指引的规定出具无法表示意见的审计报告，或者在法律法规允许的情况下终止审计业务或解除业务约定。

四、适用范围

本指引适用于注册会计师执行基金会财务报表审计业务。除财务报表审计外，注册会计师还可能接受委托，对基金会相关项目活动执行专项审计，以及法人代表离任审计和理事会换届审计。注册会计师执行这些审计业务的具体指引另行制定。

第二章　初步业务活动

一、初步业务活动的目的

开展初步业务活动有助于注册会计师识别和评价可能对计划和执行审计工作产生负面影响的事项或情况，有助于其在计划审计工作时达到下列要求：

（1）具备执行业务所需的独立性和专业胜任能力；

（2）不存在因被审计基金会管理层诚信问题而可能影响注册会计师承接/保持该项业务意愿的事项；

（3）与被审计基金会之间不存在对业务约定条款的误解。

二、初步业务活动的内容

（一）实施相应的质量控制程序

针对接受和保持客户关系和具体审计业务实施质量控制程序，并且根据实施相应程序的结果作出适当的决策是注册会计师控制审计风险的重要环节。在首次接受审计委托时，注册会计师需要执行针对建立客户关系和承接具体审计业务的质量控制程序；而在连续审计时，注册会计师需要执行针对保持客户关系和具体审计业务的质量控制程序。

注册会计师需要根据具体情况获取必要的信息，以确定客户关系和审计业务的接受或保持是否恰当。下列信息可以帮助注册会计师作出判断：

1. 被审计基金会关键管理人员和治理层是否诚信。项目组可以考虑的事项包括：

（1）关键管理人员及治理层的身份和信誉；

（2）基金会的业务活动性质，包括其收入和公益活动的特征及规模；

（3）关键管理人员及治理层对内部控制环境和会计制度等的态度；

（4）审计工作范围受到不适当限制的迹象；

（5）基金会可能涉嫌舞弊或其他违反法律法规行为的迹象；

（6）变更会计师事务所的理由；

（7）关联方的名称、特征和商业信誉。

在实务中，注册会计师获取信息的来源包括以下主要方面：

（1）通过与被审计基金会管理层、治理层和其他人员沟通获取的财务和其他信息，如年度报告等；

（2）从监管机关（如基金会的业务主管单位、登记管理机关）等第三方获取的信息；

（3）询问法律顾问和客户的同行等第三方；

（4）从相关数据库中搜索客户的背景信息；

（5）与前任注册会计师沟通。

2. 项目组是否具有专业胜任能力及必要的时间和资源。可以考虑的事项包括：

（1）项目组成员是否熟悉基金会的行业特征或业务对象；

（2）项目组成员是否了解相关监管要求或报告要求，或具备有效获取必要技能和知识的能力；

（3）项目组成员是否拥有必要的专业知识和经验；

（4）需要时是否能够得到专家的帮助；

（5）如需实施项目质量控制复核，是否具备符合标准和资格要求的项目质量控制复核人员；

（6）项目组能否在提交报告的最后期限内完成业务。

3. 以前审计中发现的重大事项，及其对保持客户关系的影响。

（二）评价遵守相关职业道德要求（包括独立性要求）的情况

评价遵守相关职业道德要求（包括独立性要求）的情况也是一项非常重要的初步业务活动。中国注册会计师协会发布的职业道德守则对包括诚信、独立性、客观和公正、专业胜任能力和应有的关注、保密、良好职业行为在内的职业道德提出了要求，注册会计师需要按照其规定执行。

（三）就审计业务约定条款与被审计基金会达成一致意见

在作出接受或保持客户关系和审计业务的决策后，注册会计师需要按照《中国注册会计师审计准则第1111号——就审计业务约定条款达成一致意见》和本指引的规定，在审计业务开始前与被审计基金会管理层和治理层（如适用）（在以下第三节“审计业务约定书”中简称管理层）就审计业务约定条款达成一致意见，以避免双方对审计业务的理解产生分歧。

三、审计业务约定书

（一）审计的前提条件

注册会计师需要执行下列程序，以确定审计的前提条件是否存在：

1. 确定管理层在编制财务报表时采用的财务报告编制基础是否是可接受的；

2. 就管理层认可并理解其责任与管理层达成一致意见。

管理层的责任包括：

1. 按照适用的财务报告编制基础编制财务报表，并使其实现公允反映（如适用）；

2. 设计、执行和维护必要的内部控制，以使财务报表不存在由于舞弊或错误导致的重大错报；

3. 向注册会计师提供必要的工作条件，包括允许注册会计师接触与编制财务报表相关的所有信息（如记录、文件和其他事项），向注册会计师提供审计所需要的其他信息，允许注册会计师在获取审计证据时不受限制地接触其认为必要的内部人员和其他相关人员。

如果审计的前提条件不存在，注册会计师需要按照《中国注册会计师审计准则第1111号——就审计业务约定条款达成一致意见》第八条的规定，与管理层进行沟通，并根据具体情况判断承接审计业务是否适当。

（二）审计业务约定书的内容

1. 审计业务约定书的具体内容可能因被审计基金会的不同而存在差异，但需要包括下列主要方面：

（1）财务报表审计的目标和范围；

（2）注册会计师的责任；

（3）管理层的责任；

（4）指出编制财务报表所适用的财务报告编制基础（如《民间非营利组织会计制度》）；

（5）提及注册会计师拟出具的审计报告的预期形式和内容，以及对在特定情况下出具的审计报告可能不同于预期形式和内容的说明。

2. 审计业务约定书中还可能包括下列主要方面：

（1）详细说明审计工作的范围，包括提及适用的法律法规、审计准则，以及中国注册会计师协会发布的职业道德守则和其他公告；

（2）对审计业务结果的其他沟通形式；

（3）说明由于审计和内部控制的固有限制，即使审计工作按照审计准则和本指引的规定得到恰当的计划和执行，仍不可避免地存在某些重大错报未被发现的风险；

（4）计划和执行审计工作的安排，包括审计项目组的构成；

（5）管理层确认将提供书面声明；

（6）管理层同意向注册会计师及时提供财务报表草稿和其他所有附带信息，以使注册会计师能够按照预定的时间表完成审计工作；

（7）管理层同意告知注册会计师在审计报告日至财务报表报出日之间注意到的可能影响财务报表的事实；

（8）收费的计算基础和收费安排；

（9）管理层确认收到审计业务约定书并同意其中的条款。

3. 如果情况需要，审计业务约定书也可列明下列内容：

（1）在某些方面对利用其他注册会计师和专家工作的安排；

（2）对审计涉及的被审计基金会员工工作的安排；

（3）在首次审计的情况下，与前任注册会计师沟通的安排；

（4）说明对注册会计师责任可能存在的限定；

（5）注册会计师与被审计基金会之间需要达成进一步协议的事项；

（6）向其他机构或人员提供审计工作底稿的义务。

本指引附录一列示了审计业务约定书的参考格式。

除对基金会按照《民间非营利组织会计制度》编制的财务报表进行审计外，为满足基金会接受民政部门监督检查的需要，注册会计师还应当接受委托，在对基金会年度财务报表进行审计的基础上，对基金会年度工作报告中载明的当年公益事业支出占上年度总收入的比例（或占上年度基金余额的比例）、工作人员工资福利和行政办公支出占当年总支出的比例等专项信息进行审核，出具专项信息审核报告。对此，注册会计师应当与被审计基金会就专项信息审核业务约定条款达成一致意见，以避免双方对审核业务的理解产生分歧。本指引附录二列示了专项信息审核业务约定书的参考格式。

第三章　计划审计工作

计划审计工作包括针对审计业务制定总体审计策略和具体审计计划。计划审计工作十分重要，很多关键决策往往在这个阶段作出，如重要性的确定、项目人员的配置等等。项目合伙人和项目组其他关键成员参与计划审计工作，包括参与项目组成员的讨论，可以利用其经验和见解，提高计划过程的效率和效果。

一、总体审计策略

注册会计师需要制定总体审计策略，以确定审计工作的范围、时间安排和方向，并指导具体审计计划的制定。

（一）审计范围

注册会计师需要根据适用于基金会的《基金会管理条例》、《民间非营利组织会计制度》、其他有关法律法规、相关监管机构的报告要求以及被审计基金会分支机构的分布等情况，确定审计范围。在确定审计范围时，注册会计师可以考虑下列事项：

1. 编制拟审计财务信息所依据的财务报告编制基础（如《民间非营利组织会计制度》）；

2. 基金会行业的报告要求，如民政部门提出的报告要求；

3. 预期审计工作涵盖的范围，包括应涵盖的组成部分（如分支代表机构）的数量及所在地点；

4. 基金会与组成部分（如分支代表机构）之间存在的控制关系的性质，以确定如何编制合并（汇总）财务报表；

5. 由组成部分注册会计师审计组成部分的范围；

6. 外币折算，包括外币交易的会计处理和相关信息的披露；

7. 基金会使用服务机构的情况（如会计服务、代发工资服务等），以及注册会计师如何取得有关服务机构内部控制设计和运行有效性的证据；

8. 对利用在以前审计工作中获取的审计证据（如获取的与风险评估程序和控制测试相关的审计证据）的预期；

9. 信息技术对审计程序的影响，包括数据的可获得性和对使用计算机辅助审计技术的预期；

10. 与被审计基金会人员的时间协调和相关数据的可获得性。

（二）审计的时间安排

总体审计策略的制定需要明确审计业务的报告目标，以计划审计的时间安排和所需沟通的性质，包括现场审计的时间安排、提交审计报告的时间以及预期与管理层和治理层沟通的重要日期等。

为确定报告目标、时间安排和沟通性质，注册会计师可以考虑下列事项：

1. 被审计基金会对外报告的时间表；

2. 与管理层和治理层举行会谈，讨论审计工作的性质、时间安排和范围；

3. 与管理层和治理层讨论注册会计师拟出具的报告的类型和时间安排以及沟通的其他事项（口头或书面沟通），包括审计报告、管理建议书和向治理层通报的其他事项；

4. 与管理层讨论预期就整个审计业务中对审计工作的进展进行的沟通；

5. 与组成部分注册会计师沟通拟出具的报告的类型和时间安排，以及与组成部分审计相关的其他事项；

6. 项目组成员之间沟通的性质和时间安排，包括项目组会议的性质和时间安排，以及复核已执行工作的时间安排；

7. 预期是否需要和第三方（如业务主管单位和登记管理机关）进行其他沟通，包括与审计相关的法定或约定的报告责任。

（三）审计方向

在确定审计方向时，注册会计师可以考虑下列重要因素：

1. 重要性

在制定总体审计策略时，注册会计师需要按照《中国注册会计师审计准则第1221号——计划和执行审计工作时的重要性》的规定，确定财务报表整体的重要性，并在适用的情况下考虑下列事项：

（1）按照《中国注册会计师审计准则第1401号——对集团财务报表审计的特殊考虑》的规定，为组成部分确定重要性并就此与组成部分注册会计师进行沟通；

（2）初步识别重要组成部分和重要的交易、账户余额和披露。

确定重要性需要运用职业判断，通常先选定一个基准，再乘以某一百分比作为财务报表整体的重要性。适当的基准取决于被审计基金会的具体情况。考虑到基金会属于非营利组织，使用总资产、总收入或支出作为基准可能是适当的。在选择基准时，还需要考虑是否存在财务报表使用者特别关注的项目（如收入、支出或净资产）及基准的相对波动性等因素。

就选定的基准而言，相关的财务数据通常包括前期业务活动成果和财务状况、本期最新的业务活动成果和财务状况、本期的预算和预测结果。当然，本期最新的业务活动成果和财务状况、本期的预算和预测结果需要根据被审计基金会情况的重大变化和经济环境情况的相关变化等作出调整。例如，当按照总资产的一定百分比确定被审计基金会财务报表整体的重要性时，如果被审计基金会本年度总资产因情况变化出现意外增加或减少，注册会计师可能认为按照近几年的平均总资产确定财务报表整体的重要性更加合适。

为选定的基准确定百分比需要运用职业判断。例如，对于非营利组织，注册会计师可能认为总收入或支出的1%是适当的。百分比无论是高一些还是低一些，只要符合具体情况，都是适当的。

根据被审计基金会的特定情况，如果存在一个或多个特定类别的交易、账户余额或披露，其发生的错报金额虽然低于财务报表整体的重要性，但合理预期可能影响财务报表使用者依据财务报表作出的经济决策，注册会计师还需要确定适用于这类交易、账户余额或披露的一个或多个重要性水平。

2. 初步识别的可能存在较高重大错报风险的领域；

在基金会审计中，通常被确定为存在较高重大错报风险的领域举例如下：

（1）捐赠支出可能被发放给不符合条件的甚至是虚构的受助人；

（2）捐赠收入可能被蓄意隐瞒；

（3）限定性和非限定性的收入和净资产可能被错误划分；

（4）费用支出可能未恰当分类或完整反映。

注册会计师需要运用职业判断，考虑在较高风险领域所需获取的审计证据的数量和质量以及需投入的审计资源。

3. 评估的财务报表层次的重大错报风险对指导、监督和复核的影响；

4. 就项目组成员在收集和评价审计证据过程中保持质疑的思维方式和职业怀疑的必要性，向项目组成员进行强调所采用的方式；

5. 以前审计中对内部控制运行有效性评价的结果，包括识别出的缺陷的性质和应对措施；

6. 与会计师事务所内部向被审计基金会提供其他服务的人员讨论可能对审计产生影响的事项；

7. 有关管理层对设计、执行和维护内部控制重视程度的证据，包括有关这些内部控制得以适当记录的证据；

8. 交易量规模，以确定注册会计师信赖内部控制是否使审计工作更有效率；

9. 被审计基金会全体人员对内部控制对于业务有效运行的重要性的认识；

10. 影响被审计基金会业务的重大发展变化，例如信息技术和业务流程的变化、关键管理人员的变动；

11. 重大的行业发展情况，如行业法规（包括税法的变化）和报告要求的变化；

12. 财务报告编制基础的重大变化；

13. 其他相关重大变化，如影响被审计基金会的法律环境的变化。

（四）审计资源调配

在确定审计资源调配时，注册会计师可以考虑下列事项：

1. 项目组成员（在必要时包括项目质量控制复核人员）的选择以及对项目组成员审计工作的分派，包括向可能存在较高重大错报风险的领域分派具备适当经验的人员；

2. 项目预算，包括为可能存在较高重大错报风险的领域预留适当的工作时间，以及何时调配审计资源；

3. 对项目组成员的指导、监督以及对其工作进行复核的性质、时间安排和范围，包括预期项目合伙人和项目经理的复核范围，如何进行复核（现场复核还是非现场复核），是否需要实施项目质量控制复核等。

二、具体审计计划

注册会计师需要为审计工作制定具体审计计划。具体审计计划比总体审计策略更加详细，内容包括项目组成员拟实施的审计程序的性质、时间安排和范围，具体包括下列内容：

（一）计划实施的风险评估程序

注册会计师需要按照《中国注册会计师审计准则第 1211 号——通过了解被审计单位及其环境识别和评估重大错报风险》的规定，计划风险评估程序的性质、时间安排和范围。注册会计师还需要兼顾针对特定项目（如舞弊、关联方、违反法律法规行为等）在计划阶段拟实施的程序。

（二）计划实施的进一步审计程序

注册会计师需要按照《中国注册会计师审计准则第 1231 号——针对评估的重大错报风险采取的应对措施》的规定，计划认定层次进一步审计程序的性质、时间安排和范围。

（三）计划实施的其他审计程序

注册会计师需要根据审计准则的规定，计划需要实施的其他审计程序。计划实施的其他审计程序可以包括上述进一步审计程序中没有涵盖的、根据审计准则的要求注册会计师需要执行的既定审计程序（如阅读含有已审计财务报表的文件中的其他信息等）。

需要提醒的是，计划审计工作并非审计业务的一个孤立阶段，而是一个持续的、不断修正的过程，贯穿于整个审计业务的始终。例如，由于未预期事项的存在、条件的变化或通过实施审计程序获取的审计证据等原因，注册会计师可能需要基于修正后的风险评估结果，对总体审计策略和具体审计计划，以及相应的原计划的进一步审计程序的性质、时间安排和范围作出修改。

三、首次审计业务的补充考虑

无论是首次审计业务还是连续审计业务，计划审计工作的目的都是相同的。但是，对于首次审计业务，注册会计师通常缺乏在计划连续业务工作时可借鉴的前期经验，因而可能需要扩展计划活动。对于首次审计业务，在制定总体审计策略和具体审计计划时，注册会计师可能考虑的补充事项包括：

（1）除非法律法规另有规定，对与前任注册会计师的沟通作出安排，如查阅前任注册会计师的工作底稿；

（2）与管理层讨论有关首次接受审计委托的重大问题（包括对适用的财务报告编制基础或审计准则的应用），并就这些重大问题与治理层进行沟通，以及这些重大问题对总体审计策略和具体审计计划的影响；

（3）为针对期初余额获取充分、适当的审计证据而需要实施的审计程序（参见《中国注册会计师审计准则第 1331 号——首次审计业务涉及的期初余额》的规定）；

（4）会计师事务所质量控制制度规定的在首次审计业务中需要实施的其他程序。例如，会计师事务所的质量控制制度可能规定，对首次审计业务应由其他合伙人或高级别人员在重要审计程序开始前复核总体审计策略或在出具报告前对审计报告进行复核。

第四章　风险评估

了解被审计基金会及其环境（包括内部控制），评估重大错报风险，是注册会计师实施进一步审计程序的基础。注册会计师需要有针对性地实施询问被审计基金会管理层以及内部其他人员、分析程序、观察和检查等风险评估程序，为识别和评估财务报表层次和认定层次的重大错报风险提供基础。但是，风险评估程序本身并不能为形成审计意见提供充分、适当的审计证据。

一、了解被审计基金会及其环境

（一）行业状况、法律环境和监管环境以及其他外部因素

1. 行业状况

注册会计师需要考虑被审计基金会的行业状况，例如：

（1）所在地区基金会的类别和数量，公益活动开展水平。

（2）所在地区的经济状况对基金会业务活动的影响。

（3）同类、同级别、同地区基金会的竞争情况。

（4）可获取的社会资源分布是否合理，募集资金的规模、来源、途径、类型。

（5）基金会的行业信誉和媒体关注度。

2. 法律环境及监管环境

（1）会计制度及相关规定

了解被审计基金会是否遵循《民间非营利组织会计制度》及相关规定。

（2）基金会法律规范及监管

了解被审计基金会适用的相关法律法规，登记管理机关、业务主管部门制定的相关监管制度，包括上述部门直接开展的定期和不定期监管活动。主要包括：

①《中华人民共和国公益事业捐赠法》

②《基金会管理条例》（国务院令第400号）

③《基金会年度检查办法》（民政部令第30号）

④《基金会信息公布办法》（民政部令第31号）

⑤《社会组织评估管理办法》（民政部令第39号）

⑥民政部关于印发《关于规范基金会行为的若干规定（试行）》的通知（民发［2012］124号）

（3）税收政策

了解基金会的税收环境，特别是适用的税种及相关税率，以及有关基金会公益性捐赠税前扣除资格、企业所得税免税资格的规定。

（4）对被审计基金会产生影响的政府相关政策

了解目前国家支持公益事业发展的相关政策，如对基金会设立的限制条件，对基金会业务活动进行监管的具体规定，对支持社会组织发展而制定的政府购买服务或政府补贴的规定，以及这些因素对被审计基金会所产生的影响。

（二）被审计基金会的性质

《基金会管理条例》对基金会的组织结构、财产的管理和使用进行了规范。例如，基金会设立理事会，作为决策机构，依法行使章程规定的职权；基金会设立监事，依照章程规定检查基金会财务会计资料，监督理事会遵守法律和章程情况；基金会组织募捐，应当符合章程规定的宗旨和公益活动的业务范围；基金会根据章程规定的宗旨和公益活动的业务范围使用其财产；捐赠协议明确了具体使用方式的捐赠，根据捐赠协议的约定使用。

注册会计师需要从组织结构、业务活动、投资活动等方面了解被审计基金会的性质。

1. 组织结构

（1）被审计基金会是否按照《基金会管理条例》和章程的规定设立包括理事会、监事和执行机构在内的治理结构，理事会成员和监事在被审计基金会任职和领取报酬情况，是否为主要捐赠人。

（2）部门设置及分布。例如，被审计基金会可能通过分支机构、专项基金或合作执行机构募集资金或开展公益活动，而较为复杂的组织结构通常可能产生导致重大错报风险的问题。

（3）各部门的职能及其业务流程。

（4）是否建立了科学的决策机制，重大公益活动、重要人事任免、大额资金使用和投资活动是否经集体决策，并按规定程序报业务主管部门、登记管理机关批准或备案。

2. 业务活动

（1）被审计基金会募集资金的规模、主要来源和募集成本，特别是非货币资产捐赠收入、现金收入、来源于其他基金会的捐赠收入、政府补助收入等收入占总收入的比例，被审计基金会的主要捐赠人，资金募集活动是否符合国家有关法规及章程的规定。

（2）业务活动的开展情况，特别是重大公益项目的开展情况，是否具有持续性，是否形成具有良好社会影响的公益品牌。

（3）由分支机构、专项基金或合作机构执行的公益项目的开展情况。

（4）接受非货币资产捐赠的价值确认及管理情况。

（5）承担政府购买服务及财政资金支持社会服务项目的开展情况。

（6）承担突发事件紧急救助能力，是否有突发事件应急预案，能否及时、妥善处理突发事件，是否建立重大事项报告制度，以及执行情况。

（7）关联方关系及交易，是否存在关联方资金占用及有失公允的关联方交易。

（8）被审计基金会员工薪酬及管理情况（如专职工作人员情况，劳动合同签订情况，薪酬管理制度建立及执行情况，以及缴纳社会保险、住房公积金、企业年金等情况）。

（9）被审计基金会是否存在现金流量不足及不规范融资方面的风险。

（10）被审计基金会现金收取或支付方面的情况，是否存在风险。

（11）资金提供者对基金会开展业务活动设置的限制。

（12）在登记管理机关开展的基金会评估中所取得的评估等级，获得登记管理机关或其他政府部门的奖励及处罚情况。

3. 投资活动

（1）对外投资的发生与处置。拟实施或已实施的对外投资活动，例如证券投资、委托投资（包括委托贷款、委托理财）、股权投资等，是否遵循了合法、安全、有效的原则，是否做到符合基金会的宗旨，维护基金会的信誉、遵守与捐赠人的约定，是否影响公益支出的实现，以及是否涉及关联方投资或借款等。

（2）资本性投资活动。包括重大固定资产和无形资产的投资，以及近期或计划变动情况。

（3）其他投资。

在了解被审计基金会性质时，注册会计师需要注意上述方面发生的重大变化，并考虑对重大错报风险的影响。

（三）对会计政策的选择和运用

注册会计师需要了解被审计基金会对会计政策的选择和运用是否符合《民间非营利组织会计制度》及国家有关法律法规的规定，是否符合被审计基金会的具体情况。

1. 基金会会计核算的特点

基金会是公益组织，会计核算应体现其非营利性和公益性。基金会在某些交易和事项的会计处理上具有一定的特殊性，注册会计师应予重点关注：

（1）收入的确认。基金会的收入分为交换交易收入和非交换交易收入，作为非交换交易收入的捐赠收入应在捐赠款物收到或取得控制权时确认收入；劳务捐赠及公允价值无法确定的非货币资产捐赠不确认收入。

（2）限定性收入及限定性净资产。根据法律法规或资产提供者对资产的使用是否设置时间限制或（和）用途限制，基金会的收入可分为限定性收入和非限定收入，相应形成的结余也划分为限定性净资产和非限定性净资产。

（3）受托代理业务。基金会在业务活动中，可能作为中间人，帮助捐赠人将款项或其他资产转赠给其他单位或个人，此时基金会起中介作用，无权改变相关资产的用途或变更受益人。基金会从事受托代理业务而收到的资产不确认收入，在确认一项受托代理资产时，同时确认一项受托代理负债。

（4）文物文化资产。用于展览、教育或研究等目的的历史文物、艺术品以及其他具有文化或者历史价值并作长期或者永久保存的典藏等，作为固定资产核算，但不计提折旧。在资产负债表中，单列“文物文化资产”项目予以反映。

除会计政策外，可能还存在一些行业惯例，注册会计师需要熟悉这些行业惯例，当被审计基金会采用与行业惯例不同的会计处理方法时，注册会计师需要了解其原因，并考虑所采用的会计处理方法是否适当。

2. 会计政策的变更

注册会计师需要了解被审计基金会本期会计政策是否发生重大变化，包括对本期新发生的交易或事项选用的会计政策，对前期不重大而本期重大的交易或事项选用的会计政策等。如果被审计基金会变更了重要的会计政策，注册会计师需要考虑变更的原因及其适当性，如：会计政策的变更是否是法律法规、《民间非营利组织会计制度》的要求，能否提供更可靠相关的会计信息。注册会计师还需要关注会计政策的变更是否得到充分披露。

（四）目标、战略以及相关活动风险

基金会需要根据业务活动所面临的外部环境和内部因素，制定合理可行的目标和战略，符合社会需要并与国家宏观政策相吻合，以指导实现其宗旨、使命和愿景。被审计基金会的运营风险源于对实现目标和实施战略的能力产生不利影响的重要状况、事项、情况，以及作为或不作为而导致的风险。注册会计师需要考虑与被审计基金会的目标、战略和运营风险相关的事项，例如：

（1）经济萧条导致捐赠下降，以及前期的捐赠承诺无法兑现。

（2）未能保持从公共机构获取拨款所需达到的特定条件，导致退还拨款或申请被拒。

（3）主要出资人的战略出现重大变化。

（4）对重要捐赠者过度依赖，公众捐赠出现大幅下降。

（5）失去重要资源或关键员工，不足以应对行业的变化。

（6）监管机构的调查。

（7）注销或被撤销。

（8）现金流的时间性，如依赖支出发生后以报销方式取得资金。

（9）无法利用自有资源或非限定性资金维持业务活动。

（10）收入下降可能导致管理层采用激进的投资策略。

（五）财务业绩的衡量和评价

被审计基金会内部或外部的业绩衡量和评价可能对管理层产生压力，促使其采取措施改善财务业绩或导致粉饰财务报表。注册会计师需要了解法律法规及基金会内部管理制度对被审计基金会财务业绩的衡量和评价的规定。例如：

（1）《基金会管理条例》规定，公募基金会每年用于从事章程规定的公益事业支出，不得低于上一年总收入的70%；非公募基金会每年用于从事章程规定的公益事业支出，不得低于上一年基金余额的8%。

（2）基金会应当按照合法、安全、有效的原则实现基金的保值、增值。

（3）基金会工作人员工资福利和行政办公支出不得超过当年总支出的10%。

（4）公募基金会的原始基金和年末净资产是否不低于《基金会管理条例》规定的最低标准。

（5）登记管理机关开展的基金会评估工作要求，获取公益性捐赠税前扣除资格及企业所得税免税资格要求，主管部门或理事会的相关指标和要求，登记管理机关或社会机构的信息公布或排名评奖等。

二、评估重大错报风险

注册会计师需要在了解被审计基金会及其环境的整个过程中，根据被审计基金会的实际情况，结合对财务报表中各类交易、账户余额和披露的考虑，识别和评估财务报表的重大错报风险，包括识别和评估财务报表层次和认定层次的重大错报风险，确定需要特别考虑的重大错报风险和仅通过实质性程序无法应对的重大错报风险，以及对风险评估的结果的修正。

（一）识别和评估重大错报风险的程序

1. 在了解被审计基金会及其环境的整个过程中，结合对财务报表中各类交易、账户余额和披露的考虑，识别风险。

2. 评估识别出的风险是否与财务报表整体相关，进而潜在影响多项认定。

3. 结合对拟测试的相关控制的考虑，将识别出的风险与认定层次可能发生错报的领域相联系。

4. 考虑发生错报的可能性，以及潜在错报的程度是否足以导致重大错报。

（二）可能表明存在重大错报风险的情况和事项

1. 被审计基金会所处的行业环境、政策环境发生变化。

2. 受到相关法律法规、登记管理机关或业务主管部门严格监管。

3. 未来收入来源的不确定性对基金会未来持续运营存在重大影响。

4. 通过以网络或现金形式捐赠的收入的完整性。

5. 接受非货币资产捐赠的价值是否公允。

6. 未按法律法规及章程规定开展业务活动，如：业务活动的范围不符合基金会的章程，开展的业务活动不具有公益性，虚增捐赠收入或支出，未按限定用途使用限定性捐赠。

7. 策划新的公益项目或建立新的专项基金。

8. 内部控制薄弱，内部控制不健全或执行不到位。

9. 关键人员变动。

10. 缺乏具备胜任能力的会计人员。

11. 发生重大分立、合并或其他非经常性事项。

12. 存在未决诉讼和预计负债。

13. 会计政策和会计估计发生重大变化。

14. 以往存在重大错报或期末出现重大会计调整事项。

15. 发生重大、异常交易（如期末发生大额捐赠收入、公益事业支出）。

16. 事项或交易存在重大不确定性。

17. 管理层过多地干预会计处理或按特定意图记录交易。

18. 公益事业支出比例、工资福利与行政办公支出比例接近《基金会管理条例》规定的临界值。

19. 受到有关媒体的公开指责或曝光。

20. 其他事项和情况。

注册会计师需要充分关注可能表明被审计基金会财务报表存在重大错报风险的上述事项和情况，并考虑由此导致的风险是否重大，以及该风险导致财务报表发生重大错报的可能性。

（三）识别与评估重大错报风险

在对重大错报风险进行识别和评估后，注册会计师需要确定，识别的重大错报风险是与特定的某类交易、账户余额和披露的认定相关，还是与财务报表整体广泛相关。

1. 识别与评估的财务报表层次的重大错报风险

某些重大错报风险可能与财务报表整体广泛相关，进而影响多项认定。例如，管理层缺乏诚信或承受异常的压力可能引发舞弊风险，这些风险与财务报表整体广泛相关。财务报表层次的重大错报风险可能源于薄弱的控制环境。薄弱的控制环境带来的风险可能对财务报表产生广泛影响。例如，被审计基金会管理层对内部控制的重要性缺乏认识，没有建立完善的内部控制；被审计基金会信息系统的运行状况直接决定财务信息的质量，但信息系统的运行缺乏有效的维护。注册会计师对此需要采取总体应对措施。

2. 识别与评估的认定层次的重大错报风险

某些重大错报风险可能与特定的交易、账户余额和披露的认定相关。例如，将尚未收到或未取得控制权的款项或非货币资产作为应收账款、存货、投资、固定资产入账，接受捐赠的非货币资产价值确认依据不足，接受的非货币资产未进行账务处理或公允价值无法确定的非货币资产未予披露，业务活动成本与管理费用划分不清，固定资产支出计入当期费用形成账外资产，项目存续期间与会计期间不一致等，均可能导致相应的交易、账户余额和披露存在重大错报风险。

错报还可能由舞弊导致，注册会计师在风险评估过程中需关注舞弊风险。例如，被审计基金会可能将应税收入计入免税项目、违规变换形式支付募集资金回扣、未按规定使用政府补助收入或政府购买服务收入、违规设立银行账号隐匿资金、独立核算分支机构财务收支未纳入被审计基金会财务报表等。

根据《中国注册会计师审计准则第 1141 号——财务报表审计中与舞弊相关的责任》的规定，在识别和评估由于舞弊导致的重大错报风险时，注册会计师应当基于收入确认存在舞弊风险的假定，评价哪些类型的收入、收入交易或认定导致舞弊风险。如果认为收入确认存在舞弊风险的假定不适用于业务的具体情况，从而未将收入确认作为由于舞弊导致的重大错报风险领域，注册会计师应当在审计工作底稿中记录得出该结论的理由。

内部控制有助于防止或发现并纠正认定层次的重大错报，在评估重大错报风险时，注册会计师需要将所了解的内部控制与认定相联系。在评估重大错报发生的可能性时，除了考虑可能的风险外，还要考虑控制对风险的抵消和遏制作用。有效的内部控制会减少错报发生的可能性，而控制不当或缺乏控制，错报就有可能变成现实。例如，由于被审计基金会缺乏必要的审批和稽核，内部控制存在缺陷，致使收入不完整，费用虚列；接受捐赠款物财务手续不完善，公允价值确认依据不足，捐赠物资管理存在缺陷，以及固定资产购置、使用和处置的授权与审批权限的设计不合理或执行无效，可能导致资产安全和完整存在隐患等。

（四）需要特别考虑的重大错报风险

注册会计师需要运用职业判断，确定识别的风险哪些是需要特别考虑的重大错报风险。在确定哪些风险是特别风险时，注册会计师需要在考虑识别出的控制对相关风险的抵消效果前，根据风险的性质、潜在错报的重要程度和发生的可能性，判断风险是否属于特别风险。

在确定风险的性质时，注册会计师需要考虑下列事项：

（1）风险是否属于舞弊风险。

（2）风险是否与会计制度和其他方面的重大变化有关。

（3）业务活动的复杂程度。

（4）风险是否涉及重大的关联方交易。

（5）财务信息计量的主观程度，特别是计量结果是否具有高度不确定性。

（6）风险是否涉及异常或超出正常活动的重大交易。

对特别风险，注册会计师需要评价相关控制的设计情况，并确定其是否已经得到执行。由于与重大非常规交易或判断事项相关的风险很少受到日常控制的约束，管理层可能采取其他措施应对此类风险，注册会计师需要了解被审计基金会是否针对重大活动设计和实施了控制。例如，会计估计所依据的假设是否由管理层或专家进行复核，是否建立作出会计估计的内部程序，重大会计估计结果是否经管理层批准；管理层在发现重大事项时采取的措施，包括这类事项是否有专人处理、是否对其潜在影响作出评估、是否确定财务报表中的披露问题以及如何确定等。如果管理层未能实施控制以恰当应对特别风险，注册会计师应当认为存在值得关注的内部控制缺陷，并考虑其对风险评估的影响。

（五）仅通过实质性程序无法应对的重大错报风险

作为风险评估的一部分，如果认为仅通过实质性程序无法获取充分、适当的审计证据，将认定层次的重大错报风险降至可接受的低水平，注册会计师需要评价被审计基金会针对这些风险设计的控制，并确定其执行情况。例如，基金会通过捐款箱进行资金募集所取得的收入完整性的确认，仅通过实质性程序无法获取充分、适当的审计证据，注册会计师需要考虑拟依赖的相关控制的有效性，并对其进行了解、评估和测试。

（六）对风险评估的修正

注册会计师对认定层次重大错报风险的评估需要以获取的审计证据为基础，并可能随着不断获取审计证据而作出相应的变化。例如，注册会计师对重大错报风险的评估可能基于预期控制运行有效这一判断，即相关控制可以防止或发现并纠正认定层次的重大错报。但在测试控制运行的有效性时，注册会计师获取的审计证据可能表明相关控制在被审计期间并未有效运行。同样，在实施实质性程序后，注册会计师可能发现错报的金额和频率比在风险评估时预计的金额和频率要高。因此，如果通过实施进一步审计程序获取的审计证据与初始评估获取的审计证据相矛盾，注册会计师需要修正风险评估结果，并相应修改原计划实施的进一步审计程序。

第五章　了解内部控制

了解被审计基金会的内部控制是识别和评估重大错报风险、设计和实施进一步审计程序的基础。在了解内部控制时，注册会计师需要运用职业判断，考虑一项控制单独或连同其他控制是否与评估重大错报风险以及针对评估的风险设计和实施进一步审计程序相关。在运用职业判断时，注册会计师需要考虑确定的重要性水平、相关风险的重要程度、被审计基金会的规模和等级、被审计基金会的业务性质，包括组织结构和所有制性质、被审计基金会运营的多样性和复杂性、适用的法律法规、内部控制情况和适用要素、作为内部控制组成部分的系统（包括利用服务机构）的性质和复杂性、一项特定控制（单独或连同其他控制）是否以及如何防止或发现并纠正重大错报等因素。

尽管不同的基金会之间由于规模、定位和组织形式的不同而存在较大差异，较小的基金会可以由志愿工作人员或第三方管理，较大的基金会则可直接聘用专职工作人员，但确保基金会存在充分的内部控制、妥善管理和保障资产的安全是所有基金会的职责。

一、内部控制要素

内部控制包括控制环境、风险评估过程、与财务报告相关的信息系统（包括相关业务流程）与沟通、控制活动、对控制的监督五要素。

（一）控制环境

控制环境是基金会实施内部控制的基础，是所有控制运行实施的环境。了解基金会控制环境将有助于注册会计师识别那些会对财务报表错报产生普遍影响的因素，有助于整体审计策略的制定。

当注册会计师发现控制环境有利于基金会防止或发现并纠正重大错报时，它就为内部控制其他要素提供了良好的基础，使得注册会计师可以相信依赖该基础，重大错报风险也将降低；相反，当注册会计师发现控制环境不能帮助基金会防止或发现并纠正重大错报时，它便破坏了内部控制的其他要素，使得注册会计师不得不怀疑内部控制的有效性，重大错报风险由此增大，而且在这样的控制环境中舞弊发生的可能性也相应增加。

注册会计师需要认识到，任一控制环境要素的缺陷都可能破坏其他要素的有效性。此外，控制环境要素在基金会中可能不会非常正式和复杂，但其作用同样重要。因此，无论基金会的规模如何，缺少任何控制环境要素都可能意味着普遍的控制问题，从而增加财务报表发生重大错报的风险。

在评价控制环境的设计时，注册会计师需要考虑构成控制环境的下列要素，以及这些要素如何被纳入被审计基金会的业务流程：

1. 对诚信和道德价值观念的沟通与落实

诚信和道德价值观念是控制环境的重要组成部分，影响到重要业务流程的设计和运行。内部控制的有效性直接依赖于负责创建、管理和监控内部控制的人员的诚信和道德价值观念。被审计基金会是否存在道德行为规范，以及这些规范如何在被审计基金会内部得到沟通和落实，决定了是否能产生诚信和道德的行为。对诚信和道德价值观念的沟通与落实既包括管理层如何处理不诚实、非法或不道德行为，也包括在被审计基金会内部，通过行为规范以及高级管理人员的身体力行，对诚信和道德价值观念的营造和保持。《基金会管理条例》及其配套政策以及道德行为规范应融入基金会日常业务活动中，并被持续地沟通、执行和监督。例如，被审计基金会是否规定各部门工作人员不得私设“小金库”；不得私自挪用募捐所得善款等。

2. 对胜任能力的重视

胜任能力是指具备完成某一职位的工作所应有的知识和技能。管理层对胜任能力的重视包括对于特定工作所需的胜任能力水平的设定，以及对达到该水平所必需的知识和能力的要求。注册会计师应当考虑基金会的主要管理人员和其他相关人员是否能够胜任承担的工作和职责，例如，基金会财务会计和信息技术部门人员是否具备足够的胜任能力并接受足够的培训，能根据基金会的性质和复杂程度处理业务；被审计基金会是否对各岗位录用人员有明确的录用标准；理事会是否参与高级管理人员的招聘、任用和监督；是否强调对员工开展业务和道德培训；是否建立考核机制以使员工能得到正常晋升和更大的发展空间；工作人员是否能就专业问题及时获得独立意见等。

3. 管理层的理念和运营风格

管理层负责基金会管理以及运作策略和程序的制定、执行和监督。控制环境的每个方面在很大程度上都受管理层采取的措施和作出决策的影响，或在某些情况下受管理层不采取某些措施或不作出某种决策的影响。在有效的控制环境中，管理层的理念和运营风格可以创造一个积极的氛围，促进业务流程和内部控制的有效运行，同时营造一个减少错报发生可能性的环境。

4. 组织结构及职权与责任的分配

被审计基金会的组织结构为计划、运行、控制及监督业务活动提供了一个整体框架。通过集权或分权决策，可在不同部门间进行适当的职责划分、建立适当层次的报告体系。组织结构将影响权利、责任和工作任务在组织成员中的分配，包括针对各项业务活动如何分配权力和责任、如何建立报告关系及授权等级、理事会对高级管理人员的授权程度等。被审计基金会组织结构的合理性在一定程度上取决于其规模和业务活动的性质。因此基金会应建立与其实际情况（包括规模、地理位置和业务性质等）相适应的机构和权责分工，比如有专人负责评估每年的收入和支出预算控制情况，并将评估结果定期与理事会进行沟通，使得为实现基金会目标所需执行的各项活动能够被适当地计划、执行、控制和监督。

基金会的最高权力机构是理事会，负责基金会的重大决策，并由监事对其行为实施监督。秘书处负责日常工作，下设各职能部门及委员会，应权责明晰，体现分工制衡原则。

此外，职责分配还包括对职责分离不充分的岗位设置足够的监督，对相对非正式的工作项目中使用的志愿者的监督等。职责分离应考虑涵盖非财务部门的工作人员，如要求支票的签发需要有审核人员等。

5. 人力资源政策与实务

人力资源政策与实务涉及招聘、培训、考核、晋升和薪酬等方面。注册会计师在对被审计基金会人力资源政策与实务进行了解和评估时，需考虑被审计基金会是否在招聘、培训、考核、晋升、薪酬、调动和辞退员工方面都有适当的政策和程序，以及是否有书面的员工岗位职责手册，从而了解管理层和治理层对内部控制的整体态度、认识以及所采取的措施。

在确定构成控制环境的要素是否得到执行时，注册会计师需要考虑采用询问被审计基金会内部人员、观察、检查和穿行测试等风险评估程序，以获取充分、适当的审计证据。

（二）被审计基金会的风险评估过程

无论基金会的规模如何，均会遭遇内部或外部风险，基金会进行风险评估的目的是及时识别、系统分析运营活动中与实现内部控制目标相关的风险，合理确定风险应对策略与控制。

在评价被审计基金会风险评估过程的设计和执行时，注册会计师需要确定管理层如何识别与财务报告目标相关的运营风险，如何估计该风险的重要性，如何评估风险发生的可能性，以及如何采取措施管理这些风险。

如果被审计基金会已建立风险评估过程，注册会计师需要了解风险评估过程及其结果。如果识别出管理层未能识别出的重大错报风险，注册会计师需要评价是否存在这类风险，即注册会计师预期被审计基金会风险评估过程应当识别出而未识别出的风险。如果存在这类风险，注册会计师需要了解风险评估过程未能识别出的原因，并评价风险评估过程是否适合具体情况，或者确定与风险评估过程相关的内部控制是否存在值得关注的内部控制缺陷。

如果被审计基金会未建立风险评估过程，或具有非正式的风险评估过程，注册会计师需要与管理层讨论是否识别出与财务报告目标相关的业务活动风险以及如何应对这些风险。注册会计师需要评价缺少记录的风险评估过程是否适合具体情况，或确定是否表明存在值得关注的内部控制缺陷。

被审计基金会在运营活动中会面临各种各样的风险。很多风险并不为被审计基金会所控制，但管理层需要确定可以承受的风险水平，识别风险并采取相应的应对措施。基金会面临的风险主要包括两个方面：资金募集风险和运用风险。由于基金会的善款募集覆盖面广、地点分散，决定了资金在募集过程中可能存在较大风险：募集资金不入账、私设“小金库”、贪污。资金运用风险则集中体现为捐赠款物在使用过程中被挤占、挪用的风险，以及部分公益项目在资金实际使用过程中可能会出现未能按照程序或规范进行操作的风险，募集的资金在增值过程中不能如期增值或遭受损失。

（三）与财务报告相关的信息系统（包括相关业务流程）与沟通

1. 与财务报告相关的信息系统

注册会计师在对信息系统和沟通要素进行了解和评估时，需考虑信息系统能否向理事会提供有关被审计基金会内外部的信息，信息系统的开发及变更在多大程度上与被审计基金会的战略计划相适应以及如何与被审计基金会整体层面和业务流程层面的目标相适应，对于主要数据是否建立了重大灾难数据恢复计划等。

2. 沟通

充分的内部沟通对于控制环境、控制活动、风险评估等各方面都起着至关重要的作用。注册会计师需要关注基金会是否建立完善的内部沟通体系。注册会计师应了解基金会是否为了及时准确地收集、传递及反馈公司内部有关信息，做好内部信息管理，保持内部政令畅通和信息资源共享；是否建立沟通、学习、交流、协作的工作平台。注册会计师还需要了解被审计基金会如何沟通与财务报告相关人员的角色和职责以及与财务报告相关的重大事项。

对于基金会而言，通过外部沟通获取信息非常重要，例如，相关政府部门监管反馈信息；政策法规标准类信息，如行业管理法规、行业标准；外部反馈的信息及其投诉等。注册会计师应关注基金会是否对这些外部信息做出及时反映，制定相应对策。注册会计师还需要关注基金会是否注重信息的公开透明程度，制定财务公开制度，定期公布基金会的各项重要报表，接受社会各界的监督。

（四）控制活动

控制活动是指结合具体业务和事项，运用相应的控制政策和程序实施控制。控制活动也是确保管理层的指令得以执行的政策及程序。基金会资金募集和使用环节都存在风险，应针对潜在风险采取相应的控制活动。注册会计师需了解与审计相关的控制活动。

例如，针对基金会对于资金的募集和使用，注册会计师考虑的主要因素可能包括：

1. 被审计基金会是否制定了一系列制度规范基金的募集和使用。

2. 管理层对基金的募集和使用是否有清晰的目标，在被审计基金会内部，是否对这些目标加以清晰地记录和沟通，并对其进行积极监控。

3. 基金会是否设立专门委员会负责评估各公益项目，贯穿项目的立项和执行，以防范未按照程序或规范操作的风险。

4. 是否存在计划和报告系统，以识别基金计划用途与实际用途的差异，并向适当层级的管理层报告该差异。

5. 是否由适当层级的管理层对差异进行调查，及时发现更改用途的原因，防止舞弊。

6. 不同人员的职责在何种程度上相分离，以降低舞弊和不当行为发生的风险。

7. 出于便利性考虑，许多基金会都实现了网上在线捐赠。注册会计师需要考虑支持这些网站的信息系统是否存在足够的控制，以及系统是否能够准确确认收入。

（五）对控制的监督

对控制的监督是基金会内部控制得以有效实施的机制保障，在内部控制构成要素中，具有十分重要的作用。管理层的一项重要职责就是持续不断地建立和维护控制。基金会管理层对控制的监督包括控制是否按计划运行，是否根据情况的变化对控制作出适当修改，以帮助基金会发现和改进内部控制设计与运行中存在的问题和薄弱环节，确保内部控制体系得以有效运行。

最常见的对控制的监督活动之一是内部审计。内部审计部门（或具有类似职责的人员）可以通过单独评价促成对被审计基金会控制的监督。他们通常定期提供关于内部控制职能的信息（着力于评价内部控制的有效性），就内部控制的优势和缺陷进行沟通，并提出改进建议。

内部审计部门应负责对内部控制制度的健全性、有效性进行监督，例如，在收入循环审计中重点关注每年的预算计划是否经过适当的授权审批、是否对实际执行情况与预算情况进行比较；在支出循环审计中重点关注资金投向计划是否经适当授权审批，项目进展情况是否与计划一致。

注册会计师在实施审计程序时需要了解被审计基金会对与财务报表相关的内部控制的监督活动，并了解如何采取纠正措施。

监督活动可能包括利用与外部有关机构或人员沟通所获取的信息，这些外部信息可能显示内部控制存在的问题或需要改进的领域。

二、识别和评价业务流程中的内部控制

本指引以基金会捐赠收入、捐赠支出等循环中最常见的业务流程为例，说明注册会计师如何了解和评价基金会业务流程层面的内部控制活动。

需要说明的是，不同基金会的具体业务流程可能不尽相同，本指引不可能涵盖实际

工作中的所有情况。在执行基金会财务报表审计工作时，注册会计师需要结合被审计基金会的具体业务状况，对业务流程作出相应的选择和调整。

（一）了解业务流程的主要步骤

1. 捐赠收入循环

收入通常被确定为存在较高重大错报风险的重要账户。基金会通过接受个人、单位的无偿捐赠及开展其他业务活动取得收入。捐赠收入主要来源为汇款、募捐箱募捐、举办慈善活动、实物捐赠、遗产捐赠等。捐赠收入流程通常包括下列主要活动：

（1）邮政汇款和银行转账汇款

说明：邮政汇款是指收到邮政系统寄来的汇款单，需要单位人员携带预留印鉴去银行确认取出现金支票，或者直接转账至基金会账户。银行转账汇款是指捐助者按照指定账号进行转账，款项直接进入基金会对公指定账号。

①记录捐赠人信息及捐赠指定用途，对于大额捐赠，应有专业人士与捐赠者进行面谈，对指定用途的可实施程度进行讨论

②根据汇款单向捐款人开具捐赠票据

③根据汇款单、银行对账单生成会计凭证

④生成邮寄、汇款转账收入明细账

⑤汇总明细账至总账

⑥定期核对已开票据与实际收到的金额是否一致

（2）实物捐赠

①收到捐赠实物

②记录捐赠人及捐赠物品的信息，并登记在捐赠人及捐赠物品登记簿上

③给捐赠者开具捐赠票据，金额或数额较大的签订协议书

④对收到物品估值，记录金额

⑤编制捐赠物品清单，建立捐赠档案

⑥根据已开票据生成会计凭证

⑦生成实物捐赠收入明细账

⑧汇总明细账至总账

⑨定期盘点收到的实物捐赠与捐赠档案是否一致

（3）募捐箱现场捐款

①发布募捐公告

②准备募捐箱，并确保使用前密封

③记录募捐箱的发出，并分别详细编号

④定期打开募捐箱，开箱时至少有两名人员在场，清点所得善款的金额，编制现金盘点表

⑤根据现金盘点表生成会计凭证

⑥生成募捐箱收入明细账

⑦汇总明细账至总账

⑧定期核对现金盘点表与实际收到的金额是否一致

（4）举办慈善活动

①所有门票提前编号

②确定门票与购买者一一对应

③收回门票销售所得额和未售出门票

④根据门票存根生成会计凭证

⑤将收入所得额与门票销售应得额进行对账

⑥生成慈善活动收入明细账

⑦汇总明细账至总账

（5）销售商品捐赠及短信捐赠

说明：销售商品捐赠是指经销商与基金会合作，商定与销售额相关联的捐助额，例如，消费者每购买一件商品，即向基金会捐助一定金额。短信捐赠是指电信运营商与基金会合作，创建平台号码，捐助者通过发短信到指定号码的方式明确捐助金额，金额由电信运营商扣除，并转交基金会。

①与商品销售方或短信平台运营商共同制定捐赠策略，并签订协议

②定期从商品销售方或短信平台运营商取得销售单据或相关短信平台号码流水单，确认捐助金额

③商品销售方或短信平台运营商定期转账

④根据银行进账单向商品销售方或短信平台运营商开具捐赠票据

⑤根据已开票据生成会计凭证

⑥生成销售商品及短信捐赠明细账

⑦汇总明细账至总账

⑧定期核对已开票据与实际收到的金额是否一致

（6）遗产捐赠

①确定宣告归于基金会名下的捐赠遗产，签署文件声明

②记录遗产捐赠人详细信息及指定用途，对于大额捐赠，应有专业人士与捐赠者代理人进行面谈，对指定用途的可实施程度进行讨论

③实际收到捐赠人具有所有权的遗产，办理产权转移手续

④编制遗产盘点清单，准确估值

⑤根据盘点清单生成会计凭证

⑥生成遗产捐赠收入明细账

⑦汇总明细账至总账

另外，注册会计师在审计实务中，可能遇到一些新的捐赠形式，如股权捐赠等。对此，注册会计师需要关注基金会是否及时建立相应的内部控制程序。

2. 捐赠支出循环

基金会根据章程规定的宗旨和公益活动的业务范围使用其财产，对捐赠协议明确了具体使用方式的捐赠，根据捐赠协议的约定使用。捐赠支出分为现金支出及物资支出，公募基金会每年用于从事章程规定的公益事业支出，不得低于上一年总收入的70%；非公募基金会每年用于从事章程规定的公益事业支出，不得低于上一年基金余额的8%。

基金会收到捐赠款项直接用于捐赠的，捐赠流程如下：

①向社会公布所开展的公益资助项目种类

②进行公益资助项目申请、评审程序

③对接受捐赠单位或个人进行诚信调查

④与受助人签订协议，约定资助方式，资助数额以及资金用途和使用方式

⑤提出捐赠款项使用条件及限制

⑥审查和批准资助申请

⑦捐赠至指定账户

⑧对捐赠支出的用途进行监控

基金会收到物资用于捐赠的，物资捐赠流程如下：

①向社会公布所开展的公益资助项目种类

②进行公益资助项目申请、评审程序

③对被捐赠单位或个人进行诚信调查

④与受助人签订协议，约定资助方式、资助数额以及物资用途和使用方式

⑤提出捐赠物资使用条件及限制

⑥清点物资出库

⑦对捐赠物资使用状况进行监控

（二）确定错报可能发生的环节

注册会计师需要结合了解的结果，确定被审计基金会需要在哪些环节设置控制，以防止或发现并纠正业务流程中的错报，即确定错报可能发生的环节。本指引以表格的形式列举了与捐赠收入、捐赠支出等循环相关的业务流程中错报可能发生的环节，以说明注册会计师如何确定被审计基金会的控制目标是否得到实现。

1. 捐赠收入循环

"捐赠收入流程错报可能发生的环节"示例表

（1）邮政汇款和银行转账汇款

"捐赠收入流程错报可能发生的环节"示例	认定
怎样确保收到的捐款汇款单已得到恰当处理？	捐赠收入：完整性、准确性 银行存款：完整性、计价和分摊

续表

“捐赠收入流程错报可能发生的环节”示例	认定
怎样确保收到银行转账捐款已得到恰当处理？	捐赠收入：完整性、准确性 银行存款：完整性、计价和分摊
怎样确保捐赠收入被及时记录？	捐赠收入：截止 银行存款：完整性、存在

（2）实物捐赠

“捐赠收入流程错报可能发生的环节”示例	认定
怎样确保收到的捐赠物品已得到恰当处理？	捐赠收入：完整性 存货：完整性
怎样确保收到的捐赠物品已得到准确估值？	捐赠收入：准确性 存货：计价和分摊
怎样确保捐赠收入被及时记录？	捐赠收入：截止 存货：存在、完整性
怎样确保捐赠物品保存完整？	存货：存在

（3）募捐箱现场捐款

“捐赠收入流程错报可能发生的环节”示例	认定
怎样确保募捐箱使用前密封，募捐后将善款全部收回？	捐赠收入：完整性
怎样确保现场募捐未被漏记？	捐赠收入：完整性 现金：完整性
怎样确保收到募捐善款不出现坐支？	捐赠收入：完整性 现金：完整性
怎样确保捐赠收入被及时记录？	捐赠收入：截止 现金及银行存款：完整性、存在

（4）举办慈善活动

“捐赠收入流程错报可能发生的环节”示例	认定
怎样确保门票销售得到恰当处理？	捐赠收入：完整性、准确性 银行存款：完整性、计价和分摊
怎样确保收到门票销售款不出现坐支？	捐赠收入：完整性 银行存款：完整性
怎样确保慈善活动收入被及时记录？	捐赠收入：截止 银行存款：完整性、存在

(5) 销售商品捐赠及短信捐赠

“捐赠收入流程错报可能发生的环节”示例	认定
怎样确保出售商品捐赠及短信平台捐赠计价准确？	捐赠收入：准确性 银行存款：计价和分摊
怎样确保销售商品或短信平台捐赠收入确系发生？	捐赠收入：发生 银行存款：存在
怎样确保捐赠收入全部收回？	捐赠收入：完整性 银行存款：完整性
怎样确保捐赠收入被及时记录？	捐赠收入：截止 银行存款：完整性、存在

(6) 遗产捐赠

“捐赠收入流程错报可能发生的环节”示例	认定
怎样确保遗产所有权确实属于基金会？	捐赠收入：发生 存货：权利和义务
怎样确保捐赠遗产计价正确？	捐赠收入：准确性 存货：计价和分摊
怎样确保捐赠遗产得到恰当处理？	捐赠收入：完整性 存货：完整性
怎样确保捐赠收入被及时记录？	捐赠收入：截止 存货：完整性、存在

2. 捐赠支出循环

“捐赠支出循环错报可能发生的环节”示例表

“捐赠支出循环错报可能发生的环节”示例	认定
怎样确保捐赠支出行为真实？	业务活动成本：发生
怎样确保捐赠支出已记录？	业务活动成本：完整性
怎样确保捐赠支出记录准确？	业务活动成本：准确性
怎样确保捐赠支出记录于正确的期间？	业务活动成本：截止
怎样确保捐赠款项或物资用于约定的用途？	业务活动成本：发生
怎样确保基金会当年用于从事公益事业支出占上年总收入的比例符合相关规定？	业务活动成本：发生、完整性、准确性

需要注意的是，一方面，某项控制目标可能涉及几项控制，注册会计师需要重点考虑某项控制活动单独或连同其他控制活动，是否能够防止或发现并纠正重大错报。另一方面，某些控制可能涉及多项控制目标。因此，在实务工作中，为提高审计效率，注册

会计师需要考虑了解和识别能针对多项控制目标的控制。

（三）了解和识别相关控制

注册会计师需要根据被审计基金会的实际情况，通过询问、观察、检查、穿行测试等审计程序，了解和识别相关控制，并对其结果形成审计工作记录，包括记录控制由谁执行以及如何执行。在了解和识别内部控制时，注册会计师需要重点考虑能够发现并纠正错报的关键控制。

1. 捐赠收入循环

（1）邮政汇款和银行转账汇款

控制目标	认定	常用的控制活动
收到的捐款汇款单已得到恰当处理	捐赠收入：完整性、准确性 银行存款：完整性、计价和分摊	出纳负责接收汇款单，并在汇款单登记簿上登记。单位印鉴由出纳以外的人保管，出纳领出印鉴时须在登记簿上登记。会计核对汇款单登记簿金额与银行进账单金额，确认捐款收入，并由专人复核签字。定期核对银行对账单与汇款单登记簿。
收到银行转账捐款已得到恰当处理	捐赠收入：完整性、准确性 银行存款：完整性、计价和分摊	银行存款明细账余额与银行对账单定期由记录银行日记账以外的人核对。专人核对银行日记账和收入明细账，并签字。
捐赠收入被及时记录	捐赠收入：截止 银行存款：完整性、存在	财务部责任人对记账凭证进行复核、签章。

（2）实物捐赠

控制目标	认定	常用的控制活动
收到的捐赠物品已得到恰当处理	捐赠收入：完整性 存货：完整性	详细登记捐赠人、捐赠物品信息及其指定用途，在捐赠人及捐赠物品记录簿上进行逐笔顺序登记，并在捐赠物品上粘贴标签，标签顺序编号，由登记人以外的人员复核并签字确认。
		向捐赠者开具捐赠票据，对于金额或数额较大的应签订协议书。
		编制捐赠物品清单，建立捐赠档案。 对于有指定用途的物品做出特殊标识或在单独区域存放。

续表

控制目标	认定	常用的控制活动
确保捐赠收入按实际发生金额入账	捐赠收入：准确性 存货：计价和分摊	对收到的捐赠物品进行准确估值。对于金额较大，或难以验证的捐赠物品，利用专家的工作，确定其入账价值。
捐赠收入被及时记录	捐赠收入：截止 存货：存在、完整性	财务部责任人对记账凭证进行复核、签章。
捐赠物品保存完整	存货：存在	定期盘点收到的实物，并定期专人负责与票据存根一一对应。

（3）募捐箱现场捐款

控制目标	认定	常用的控制活动
募捐箱使用前密封，使用后将善款全部收回	捐赠收入：完整性	确保募捐箱投入使用前密封，防止其收回前被打开。
		对募捐箱进行连续编号，详细记录每个募捐箱发出与收回的时间。
现场募捐确保未被漏记	捐赠收入：完整性 现金：完整性	定期打开募捐箱，清点所筹善款金额，打开并清点善款时必须有两个职位分离的人在场签字确认，并实行轮换制度。
		生成现金盘点表，需由盘点人和监督盘点人一并签字，及时登记入账。
		定期核对现金盘点表与实际收到的金额是否一致。
防止募捐善款坐支	捐赠收入：完整性 现金：完整性	开启募捐箱后将所筹善款及时存入银行，不得扣除任何费用。
捐赠收入被及时记录	捐赠收入：截止 现金及银行存款：完整性、存在	财务部责任人对记账凭证进行复核、签章。

（4）举办慈善活动

控制目标	认定	常用的控制活动
门票销售得到恰当处理	捐赠收入：完整性、准确性 银行存款：完整性、计价和分摊	将所有门票提前连续编号，确定门票与购买者一一对应。
		清点收回门票销售所得额和所有未售出的门票。
		将门票销售所得额与应得额进行对账。

续表

控制目标	认定	常用的控制活动
防止募捐善款坐支	捐赠收入：完整性 银行存款：完整性	取得门票收入后，将所筹善款及时存入银行，不得扣除任何款项。
慈善活动收入被及时记录	捐赠收入：截止 银行存款：完整性、存在	财务部责任人对记账凭证进行复核、签章。

（5）销售商品捐赠及短信捐赠

控制目标	认定	常用的控制活动
销售商品捐赠及短信平台捐赠计价准确	捐赠收入：准确性 银行存款：计价和分摊	与商品销售方或短信平台运营商共同制定捐赠策略，并签订协议。
销售商品捐赠或短信平台捐赠确系发生	捐赠收入：发生 银行存款：存在	定期从商品销售方或短信平台运营商取得销售单据或相关短信平台号码流水单，确认捐助金额。
捐助收入确保全部收回	捐赠收入：完整性 银行存款：完整性	商品销售方或短信平台运营商定期转账，有关责任人进行对账。
		根据银行进账单向商品销售方或短信平台运营商开具捐赠票据。
捐赠收入被及时记录	捐赠收入：截止 银行存款：完整性、存在	捐赠收入及时登记入账，现金及时存入银行。财务部责任人对记账凭证进行复核、签章。

（6）遗产捐赠

控制目标	认定	常用的控制活动
遗产所有权确实属于基金会	捐赠收入：发生 存货：权利和义务	与宣告遗产捐赠者签署协议声明文件。
		实际收到捐赠遗产时，及时办理产权转移手续。
确保捐赠遗产计价正确	捐赠收入：准确性 存货：计价和分摊	编制遗产盘点清单，对其进行准确估值。对于金额较大，或难以验证的捐赠物品，利用专家的工作，确定其入账价值。
捐赠遗产得到恰当处理	捐赠收入：完整性 存货：完整性	详细记录捐赠人信息及其指定用途，对于有指定用途的物品做出特殊标识或在单独区域存放。
捐赠收入被及时记录	捐赠收入：截止 存货：完整性、存在	财务部责任人对记账凭证进行复核，签章。

2. 捐赠支出循环

控制目标	认定	常用的控制活动
确保捐赠支出行为真实有效	业务活动成本：发生	责任人记录捐赠支出信息，第三方公证出具公证报告。
确保捐赠支出已记录	业务活动成本：完整性	定期对现金进行盘点，并编制现金余额调节表；定期将银行存款日记账中的付款记录与银行对账单进行核对。编制银行存款余额调节表，并有专人复核。
确保捐赠支出记录准确	业务活动成本：准确性	责任人复核捐赠支持性文件。
确保捐赠支出记录于正确的期间	业务活动成本：截止	定期对现金进行盘点，并编制现金余额调节表；定期将银行存款日记账中的付款记录与银行对账单进行核对，并编制银行存款余额调节表。
确保捐赠款项或物资被用于约定用途	业务活动成本：发生	建立监控程序，以确保捐款被用于约定用途。
确保公募基金会本年用于从事章程规定的公益事业支出不低于上一年总收入的70%；非公募基金会本年用于从事章程规定的公益事业支出不低于上一年基金余额的8%	业务活动成本：发生、完整性、准确性	建立预算制度，以对公益事业支出进行监控。定期对预算执行情况进行分析和考核，查找问题，确保预算目标的完成。

（四） 执行穿行测试

注册会计师需要针对不同业务循环中的具体业务流程，选择一笔或几笔交易进行穿行测试，以追踪交易从发生到最终被反映在财务报表中的整个处理过程，并考虑之前对相关控制的了解是否正确和完整，确定相关控制是否得到执行。

在执行穿行测试时，注册会计师需要询问执行业务流程和控制的相关人员，并根据需要检查有关单据和文件，询问其对已发现错报的处理。注册会计师还需要按照《中国注册会计师审计准则第1211号——通过了解被审计单位及其环境识别和评估重大错报风险》的相关规定，对相关控制设计是否合理和得到执行进行评价，以确定进一步审计程序。

第六章　进一步审计程序

一、控制测试

（一）一般要求

在评估认定层次重大错报风险时，预期控制的运行是有效的，或者仅实施实质性程序不能提供认定层次充分、适当的审计证据时，注册会计师需要设计和实施控制测试，针对相关控制运行的有效性，获取充分、适当的审计证据。注册会计师只对那些设计合理，能够防止、发现并纠正认定层次重大错报的内部控制进行测试以验证其运行是否有效。为评价控制设计和确定控制是否得到执行而实施的某些风险评估程序并非专为控制测试而设计，但可能提供有关控制运行有效性的审计证据，注册会计师需要考虑这些审计证据是否足以实现控制测试的目的。注册会计师可以考虑在评价控制设计和确定其是否得到执行的同时测试控制运行有效性，以提高审计效率。

需要说明的是，被审计基金会在所审计期间内可能由于组织结构变更以及更换信息系统等原因，导致在不同时期使用了不同的控制。如果被审计基金会在所审计期间内的不同时期使用了不同的控制，注册会计师需要考虑不同时期控制运行的有效性。

1. 控制测试的性质。注册会计师不仅需要考虑与认定直接相关的控制，而且还需要考虑这些控制所依赖的与认定间接相关的控制，以获取支持控制运行有效性的审计证据。

对于一项自动化的应用控制，由于信息技术处理过程的内在一贯性，注册会计师可以利用该项控制得以执行的审计证据和信息技术一般控制（特别是对系统变动的控制）运行有效性的审计证据，作为支持该项控制在相关期间运行有效性的重要审计证据。

控制测试的目的是评价控制是否有效运行；细节测试的目的是发现认定层次的重大错报。尽管二者目的不同，但注册会计师可以考虑针对同一交易同时实施控制测试和细节测试，以实现双重目的。如果拟实施双重目的测试，注册会计师需要仔细设计和评价测试程序。例如，注册会计师可以通过检查某笔交易的记账凭证，确定交易是否经过适当授权，同时获取关于交易发生、准确性等认定的审计证据。

2. 控制测试的时间。注册会计师需要根据控制测试的目的确定控制测试的时间，并确定拟信赖的相关控制的时点或期间。对特定时点的控制进行测试，注册会计师仅得到该时点控制运行有效性的审计证据；对某一期间的控制进行测试，注册会计师可获取控制在该期间有效运行的审计证据。注册会计师在期中实施控制测试具有积极的作用。需要说明的是，即使注册会计师已获取有关控制在期中运行有效性的审计证据，仍然需要考虑如何能够将控制在期中运行有效性的审计证据合理延伸至期末。如果已获取有关控制在期中运行有效性的审计证据，注册会计师需要：

（1）获取这些控制未在剩余期间发生重大变化的审计证据；

（2）确定针对剩余期间还需获取的补充审计证据。通过测试剩余期间控制的运行有效性或测试被审计基金会对控制的监督，注册会计师可以获取补充审计证据。但某些审计程序只能在期末或期后实施，例如，核对财务报表与会计记录；检查财务报表编制过程中所作的会计调整；为应对被审计基金会可能在期末签订不适当合同的风险，或交易在期末可能尚未完成的风险而实施的审计程序。

内部控制中的诸多要素对于被审计基金会往往是相对稳定的（相对于具体的交易、账户余额和披露），注册会计师在本期审计时可以适当考虑利用以前审计获取的有关控制运行有效性的审计证据；同时，内部控制在不同期间也有可能发生重大变化，注册会计师在利用以前审计获取的有关控制运行有效性的审计证据时需要格外慎重。

3. 控制测试的范围。注册会计师需要设计控制测试，以获取控制在整个拟信赖期间有效运行的充分、适当的审计证据。注册会计师在确定控制测试范围时，一般需要考虑下列因素：

（1）在整个拟信赖的期间，被审计基金会执行控制的频率。控制执行的频率越高，控制测试的范围越大。

（2）在所审计期间，注册会计师拟信赖控制运行有效性的时间长度。拟信赖控制运行有效性的时间长度不同，在该时间长度内发生的控制活动次数也不同。注册会计师需要根据拟信赖控制的时间长度确定控制测试的范围。拟信赖期间越长，控制测试的范围越大。

（3）控制的预期偏差。预期偏差可以用控制未得到执行的预期次数占控制需要得到执行次数的比率加以衡量。控制的预期偏差率越高，需要实施控制测试的范围越大。如果控制的预期偏差率过高，针对某一认定实施控制测试可能是无效的。

（4）拟获取的有关认定层次控制运行有效性的审计证据的相关性和可靠性。对审计证据的相关性和可靠性要求越高，控制测试的范围越大。

（5）通过测试与认定相关的其他控制获取的审计证据的范围。针对同一认定，可能存在不同的控制。当针对其他控制获取审计证据的充分性和适当性较高时，测试该控制的范围可适当缩小。

（6）在风险评估时拟信赖控制运行有效性的程度，并依据对控制的信赖程度相应减少实质性程序。注册会计师在风险评估时对控制运行有效性的拟信赖程度越高，需要实施控制测试的范围越大。

（二）控制测试程序

注册会计师对内部控制的测试涵盖内部控制的五个要素，这里重点说明与捐赠收入、捐赠支出等循环相关的控制活动。其他流程和要素的测试可参照《中国注册会计师审计准则第1231号——针对评估的重大错报风险采取的应对措施》、《财务报表审计工作底稿编制指南（第二版）》。

以下通过示例说明与基金会上述各循环相关的常用的控制测试。需要说明的是，由于被审计基金会的情况千差万别，以下示例并不能涵盖实际工作中的各种情况，在执行审计业务时，注册会计师需要结合被审计基金会实际情况，作出相应的选择和调整。

1. 捐赠收入循环

（1）邮政汇款和银行转账汇款

控制目标	认定	常用的控制活动	常用的控制测试
收到的捐款汇款单已得到恰当处理	捐赠收入：完整性、准确性 银行存款：完整性、计价和分摊	出纳负责接收汇款单，并在汇款单登记簿上登记。单位印鉴由出纳以外的人保管，出纳领出印鉴时须在登记簿上登记。会计核对汇款单登记簿金额与银行进账单金额，确认捐款收入，并由专人复核签字。定期核对银行对账单与汇款单登记簿。	检查是否有专人保管印鉴。印鉴领出是否有登记签字。检查是否在汇款登记簿上登记每笔汇款，金额是否与银行进账单相符、是否有出纳和会计人员签字。检查对账单签字信息。
收到银行转账捐款已得到恰当处理	捐赠收入：完整性、准确性 银行存款：完整性、计价和分摊	银行存款明细账余额与银行对账单定期由记录银行日记账以外的人核对。专人核对银行日记账和收入明细账，并签字。	检查是否有记录银行日记账以外的人定期核对明细账余额与银行对账单并签字。检查是否有专人核对银行日记账和收入明细账并签字。
捐赠收入被及时记录	捐赠收入：截止 银行存款：完整性、存在	财务部责任人对记账凭证进行复核、签章。	检查记账凭证是否有复核签章，并与原始凭证核对信息是否一致。

（2）实物捐赠

控制目标	认定	常用的控制活动	常用的控制测试
收到的捐赠物品已得到恰当处理	捐赠收入：完整性 存货：完整性	详细登记捐赠人、捐赠物品信息及其指定用途，在捐赠人及捐赠物品记录簿上进行逐笔顺序登记，并在捐赠物品上粘贴标签，标签顺序编号，由登记人以外的人员复核并签字确认。	检查捐赠人、捐赠物品信息登记簿。

续表

控制目标	认定	常用的控制活动	常用的控制测试
		向捐赠者开具捐赠票据，对于金额或数额较大的应签订协议书。	检查票据存根，与捐赠物品记录表相对应。检查已签订的协议书。
		编制捐赠物品清单，建立捐赠档案。 对于有指定用途的物品做出特殊标识或在单独区域存放。	检查清单真实准确性，查看捐赠档案与清单是否对应。对于特殊用途的物品检查是否有相应标识。
确保捐赠收入按实际发生金额入账	捐赠收入：准确性 存货：计价和分摊	对收到的捐赠物品进行准确估值。对于金额较大，或难以验证的捐赠物品，利用专家的工作，确定其入账价值。	检查实物捐赠明细账，检查专家的评估报告，评价专家的专业素质、胜任能力和客观性。检查评估报告金额，实地查看捐赠物品。
捐赠收入被及时记录	捐赠收入：截止 存货：存在、完整性	财务部责任人对记账凭证进行复核、签章。	检查记账凭证是否有复核签章，并与原始凭证核对信息是否一致。
捐赠物品保存完整	存货：存在	定期盘点收到的实物，并定期专人负责与票据存根一一对应。	检查捐赠实物盘点表，查看与票据存根的定期核对表。

（3）募捐箱现场捐款

控制目标	认定	常用的控制活动	常用的控制测试
募捐箱使用前密封，使用后将善款全部收回	捐赠收入：完整性	确保募捐箱投入使用前密封，防止其收回前被打开。	检查是否有人确保募捐箱投入使用前密封，正在使用的捐款箱密封。
		对募捐箱进行连续编号，详细记录每个募捐箱发出与收回的时间。	检查募捐箱的编号，以及发出和收回募捐箱的时间记录表。
现场募捐确保未被漏记	捐赠收入：完整性 现金：完整性	定期打开募捐箱，清点所筹善款金额，打开并清点善款时必须有两个职位分离的人在场签字确认，并实行轮换制度。	检查记录的募捐箱开启时间和签字确认表，现场查看募捐箱的打开情况，确保清点有专人监督。
		生成现金盘点表，需由盘点人和监督盘点人一并签字，及时登记入账。	检查现金盘点表与明细账相对应，查看盘点人和监督人的签名。
		定期核对现金盘点表与实际收到的金额是否一致。	将明细账余额与现金盘点表余额相对应，检查是否一致。
防止募捐善款坐支	捐赠收入：完整性 现金：完整性	开启募捐箱后将所筹善款及时存入银行，不得扣除任何费用。	检查银行对账单与现金盘点表、现场募捐明细账的对应情况。

续表

控制目标	认定	常用的控制活动	常用的控制测试
捐赠收入被及时记录	捐赠收入：截止 现金及银行存款：完整性、存在	财务部责任人对记账凭证进行复核、签章。	检查记账凭证是否有复核签章，并与原始凭证核对信息是否一致。

（4）举办慈善活动

控制目标	认定	常用的控制活动	常用的控制测试
门票销售得到恰当处理	捐赠收入：完整性、准确性 银行存款：完整性、计价和分摊	将所有门票提前连续编号，确定门票与购买者一一对应。	检查门票存根，包括编号情况，以及购票者信息。
		清点收回门票销售所得额和所有未售出的门票。	检查已售出门票存根和未售出门票。
		将门票销售所得额与应得额进行对账。	检查所得额与应得额对账单。
防止募捐善款坐支	捐赠收入：完整性 银行存款：完整性	取得门票收入后，将所筹善款及时存入银行，不得扣除任何款项。	检查银行对账单、慈善活动捐赠收入明细账的对应情况。
慈善活动收入被及时记录	捐赠收入：截止 银行存款：完整性、存在	财务部责任人对记账凭证进行复核、签章。	检查记账凭证是否有复核签章，并与原始凭证核对信息是否一致。

（5）销售商品捐赠及短信捐赠

控制目标	认定	常用的控制活动	常用的控制测试
销售商品捐赠及短信平台捐赠计价准确	捐赠收入：准确性 银行存款：计价和分摊	与商品销售方或短信平台运营商共同制定捐赠策略，并签订协议。	检查捐赠策略与宣传方式是否合理。
销售商品捐赠或短信平台捐赠确系发生	捐赠收入：发生 银行存款：存在	定期从商品销售方或短信平台运营商取得销售单据或相关短信平台号码流水单，确认捐助金额。	检查销售单据及短信平台号码流水单或相关凭证。
捐助收入确保全部收回	捐赠收入：完整性 银行存款：完整性	商品销售方或短信平台运营商定期转账，有关责任人进行对账。	检查有关对账记录以及欠款收回程序相关文件。
		根据银行进账单向商品销售方或短信平台运营商开具捐赠票据。	检查票据留存联是否与银行进账单一致。
捐赠收入被及时记录	捐赠收入：截止 银行存款：完整性、存在	捐赠收入及时登记入账，现金及时存入银行。财务部责任人对记账凭证进行复核、签章。	检查日记账，与银行对账单核对一致。检查记账凭证是否有复核签章。

（6）遗产捐赠

控制目标	认定	常用的控制活动	常用的控制测试
遗产所有权确实属于基金会	捐赠收入：发生 存货：权利和义务	与宣告遗产捐赠者签署协议声明文件。	检查协议、文件的真实性。
		实际收到捐赠遗产时，及时办理产权转移手续。	检查产权转移手续是否齐全真实。
确保捐赠遗产计价正确	捐赠收入：准确性 存货：计价和分摊	编制遗产盘点清单，对其进行准确估值。对于金额较大，或难以验证的捐赠物品，利用专家的工作，确定其入账价值。	查看已捐赠遗产实物，检查遗产盘点清单。 检查是否有评估报告，评价专家的专业素质、胜任能力和客观性。
捐赠遗产均得到恰当处理	捐赠收入：完整性 存货：完整性	详细记录捐赠人信息及其指定用途，对于有指定用途的物品做出特殊标识或在单独区域存放。	检查捐赠人信息记录和指定用途记录。对于特殊用途的物品检查是否有相应标识。
捐赠收入被及时记录	捐赠收入：截止 存货：完整性、存在	财务部责任人对记账凭证进行复核，签章。	检查记账凭证是否有复核签章，并与原始凭证核对信息是否一致。

2. 捐赠支出循环

控制目标	认定	常用的控制活动	常用的控制测试
确保捐赠支出行为真实有效	业务活动成本：发生	责任人记录捐赠支出信息，第三方公证出具公证报告。	检查捐赠支出记录，第三方公证报告。
确保捐赠支出已记录	业务活动成本：完整性	定期对现金进行盘点，并编制现金余额调节表；定期将银行存款日记账中的付款记录与银行对账单进行核对。编制银行存款余额调节表，并有专人复核。	检查现金余额调节表和有关核对记录；检查银行存款余额调节表和有关核对记录。
确保捐赠支出记录准确	业务活动成本：准确性	责任人复核捐赠支持性文件。	检查复核过程，检查复核记录。
确保捐赠支出记录于正确的期间	业务活动成本：截止	定期对现金进行盘点，并编制现金余额调节表；定期将银行存款日记账中的付款记录与银行对账单进行核对，并编制银行存款余额调节表。	检查现金余额调节表和有关核对记录；检查银行存款余额调节表和有关核对记录。
确保捐赠款项或物资被用于约定的用途	业务活动成本：发生	建立监控程序，以确保捐款被用于约定的用途。	检查捐款监控记录，如检查报告等。

续表

控制目标	认定	常用的控制活动	常用的控制测试
确保公募基金会本年用于从事章程规定的公益事业支出不低于上一年总收入的70%；非公募基金会本年用于从事章程规定的公益事业支出不低于上一年基金余额的8%	业务活动成本：发生、完整性、准确性	建立预算制度，以对公益事业支出进行监控。定期对预算执行情况进行分析和考核，查找问题，确保预算目标的完成。	检查是否有预算制度，并确认公募基金会本年实际用于从事章程规定的公益事业支出是否高于上年总收入的70%；检查非公募基金会本年用于从事章程规定的公益事业支出是否高于上年基金余额的8%。

二、实质性程序

（一）实质性程序的总体要求

注册会计师应当针对评估的认定层次的重大错报风险，在确定是否实施控制测试以及拟对控制的依赖程度的基础上，计划拟实施实质性程序的性质、时间安排和范围。如果发现拟信赖的控制出现偏差，注册会计师应当考虑是否需要针对潜在的错报风险修改计划的实质性程序。

无论评估的重大错报风险结果如何，注册会计师都应当针对所有重大类别的交易、账户余额和披露，设计和实施实质性程序。

如果认为评估的认定层次重大错报风险是特别风险，注册会计师应当专门针对该风险实施实质性程序。如果针对特别风险实施的程序仅为实质性程序，这些程序应当包括细节测试。

（二）实质性程序的目标

在实施实质性程序时，注册会计师可根据需要单独或综合运用诸如检查、观察、询问、函证、重新计算和分析程序等方法，以获取对各类交易、账户余额和披露的充分、适当的审计证据。

实质性程序的目标和财务报表认定的关系如下：

1. 各类交易和事项

（1）发生：记录的交易或事项已经发生，例如，记录在业务活动成本科目中的项目是否真实发生，且与特定捐赠支出直接相关；

（2）完整性：所有应当记录的交易和事项均已记录，例如，所有应计入捐赠收入科目的捐赠收入是否均已入账；

（3）准确性：与交易和事项有关的金额及其他数据已恰当记录，例如，捐赠收入、业务活动成本、管理费用等科目的入账金额准确；

（4）截止：交易和事项已记录于正确的会计期间，例如，无条件的捐赠是否在收到时确认收入；

（5）分类：交易和事项已记录于恰当的账户，例如，某项支出是否恰当计入业务活动成本或管理费用科目。

2. 期末账户余额

（1）存在：记录的资产、负债和所有者权益是存在的；

（2）权力和义务：记录的资产由被审计基金会拥有或控制，记录的负债是被审计基金会应当履行的偿还义务；

（3）完整性：所有应当记录的资产、负债和所有者权益均已记录；

（4）计价和分摊：资产、负债和所有者权益以恰当的金额包括在财务报表中，与之相关的计价或分摊调整已恰当记录；

3. 列报和披露

（1）发生以及权利和义务：披露的交易、事项和其他情况已发生，且与被审计基金会有关；

（2）完整性：所有应当包括在财务报表中的披露均已包括；

（3）分类和可理解性：财务信息已被恰当地列报和描述，且披露内容表述清楚；

（4）准确性和计价：财务信息和其他信息已公允披露，且金额恰当。

（三）实质性程序示例

针对基金会资产负债表项目实施的实质性程序与一般企业没有很大的区别，下文中结合基金会和《民间非营利组织会计制度》的特点，对比较特别或相对重要的项目进行举例。

业务活动表是基金会财务报表审计的重点领域，全面反映了基金会在某一特定会计期间的业务活动，下文从分析会计核算要求入手，对收入、成本和费用等科目的实质性程序进行举例。

需要注意的是，由于被审计基金会的情况千差万别，以下示例并不能涵盖所有情况，在执行审计业务时，注册会计师需要结合被审计基金会的实际情况，特别是重大错报风险评估结果，作出相应的调整和取舍。

此外，在进一步确定细节测试或分析程序时，考虑到在基金会审计中，某些报表项目很难预计，因此实施分析程序有一定的困难。例如，由于捐赠者的捐赠意愿和方式的变化难以预期，捐赠收入通常很难准确预计；再如，除了与筹集捐赠资产相关的筹资费用之外，其他成本费用项目与捐赠收入之间的关系也很难建立合理的预期。因此，注册会计师需要在充分了解会计科目特点和科目间对应关系的基础上，实施适当的实质性程序。

1. 货币资金

货币资金捐赠是大多数基金会取得捐赠收入最主要的形式，对于货币资金科目的审计，除了实施测试银行存款余额调节表、函证银行存款、借款及与金融机构往来的其他重要信息等常规程序外，可以考虑实施下列程序：

（1）获取银行存款日记账和银行对账单，对金额较大或付款性质异常的银行付款业务，取得原始凭证，检查付款业务是否与基金会日常活动直接相关。该程序可以与业务活动表中业务活动成本和管理费用的实质性程序结合实施。

（2）对外币现金账户进行测试，即确定折算所使用的汇率是否准确，以及是否按照正确的币种和金额在财务报表中进行披露。

2. 短期投资/长期投资

（1）获取或编制短期投资/长期投资期末余额的明细分析表，复核加计是否正确，并分别与报表数、总账数和明细账核对相符。

（2）确认被审计基金会是否按照《基金会管理条例》第二十八条的规定及其他相关规定，遵守了与对外投资有关的要求和限制性条款。

（3）从明细分析表中选取部分或全部项目，实施检查合同协议、银行单据等原始凭证的审计程序，确认被审计基金会是否按照《民间非营利组织会计制度》第二十一条（一）、第二十七条（一）和第二十八条（一）的规定，准确记录投资的初始成本。

（4）通过接受捐赠方式取得的短期投资/长期投资，确认被审基金会是否按照《民间非营利组织会计制度》第十六条的规定，准确记录投资的初始成本。

（5）检查有关原始凭据，确认短期投资/长期债权投资的投资收益是否按照《民间非营利组织会计制度》第二十一条（二）和第二十八条（二）的有关规定进行核算。

（6）检查出资协议、被投资单位章程、理事会决议、银行入账单等有关文件，确认被审计基金会是否按照《民间非营利组织会计制度》第二十七条（二）的有关规定，采取恰当的方法对长期股权投资的投资损益进行核算。

（7）检查短期投资/长期投资的期末账面价值，如果存在减值迹象，是否按照《民间非营利组织会计制度》第二十一条（三）和第三十条的有关规定，按可变现净值与成本孰低原则合理计提减值准备。

（8）检查短期投资/长期投资是否已按照《民间非营利组织会计制度》的规定在财务报表中恰当列报。

3. 存货

基金会的存货主要包括在日常业务活动中持有准备捐赠的，或者将在日常管理过程中耗用的材料、物资、商品等。与存货相关的实质性程序与常规审计类似，通常需要对存货进行监盘，以确定期末存货的存在性和状态；对存货进行价格测试，以确定存货的计价是否准确。

需要注意的是，如果接受的实物捐赠，有确凿证据表明其公允价值确实无法可靠计量，按照《民间非营利组织会计制度》第十七条的有关规定，不应当记入存货或其他资产类科目。基金会应当设置辅助账进行单独登记，并在财务报表附注中作相关披露。注册会计师考虑对披露信息的准确性实施实质性程序，例如：

（1）取得辅助账，将实物的收、发核对至有经手人签字的入库单、出库单等原始凭据。

（2）实施监盘程序。

4. 文物文化资产

如被审基金会存在用于展览、教育或研究等目的的历史文物、艺术品以及其他具有文化或者历史价值并作长期或者永久保存的典藏等，注册会计师通常考虑：

（1）通过核对接受捐赠物品清单等原始凭据的方式，检查是否完整、准确地作为固定资产核算，并按照《民间非营利组织会计制度》第四十一条的有关规定，不需计提折旧。

（2）实施监盘程序。

（3）检查文物文化资产是否已按照《民间非营利组织会计制度》的规定，在财务报表中单列“文物文化资产”项目予以单独反映。

5. 受托代理资产/受托代理负债

受托代理资产/受托代理负债科目与基金会从事的受托代理业务相关，是指从委托方收到受托资产，并按照委托人的意愿将资产转赠给指定的其他组织或者个人，或者按照有关规定将资产转交给指定的其他组织或者个人的行为。

受托代理业务与接受捐赠业务有本质差别。在接受捐赠业务中，基金会获得捐赠资产，拥有捐赠资产的所有权和使用权，而在受托代理业务中，委托人将资产捐赠给指定的组织或个人，而非基金会，基金会本身净资产并未增加。同时，资产转给指定的组织或个人时，通常以委托人的名义赠予受赠人，而非以基金会的名义。因此，基金会在进行会计处理时，将受托代理交易业务与捐赠业务相区分。针对受托代理交易，在发生时，同时确认一项受托代理资产和一项受托代理负债。

在审计过程中，通常可以通过实施下列实质性程序，对受托代理资产/受托代理负债的存在性、完整性和准确性进行测试：

（1）获取或编制本期新增受托代理交易明细表。

（2）检查与本期新增受托代理交易相关的协议、合同等原始资料，根据交易实质判断该业务活动是否属于受托代理交易，关注其是否合法合规。

（3）结合捐赠收入的实质性程序，通过检查合同协议等原始凭据，确认是否存在受托代理业务被错认为捐赠业务而计入捐赠收入。

（4）检查受托代理交易的会计处理及入账金额是否符合《民间非营利组织会计制度》第四十八条和第五十五条的规定。

（5）检查受托代理交易是否已按照《民间非营利组织会计制度》的规定在财务报表中恰当列报。

6. 净资产

(1) 对新设立的基金会，检查原始基金是否为全部到位的货币资金，金额是否符合《基金会管理条例》第八条（二）的规定。

(2) 获取或编制净资产明细分析表，复核加计是否正确，并与报表数、总账数和明细账合计数核对是否相符。

(3) 检查被审计基金会期末是否按照《民间非营利组织会计制度》第五十六条的规定，根据资产的使用是否受到资产提供者或国家有关法律法规的限制，将各项收入、成本、费用正确结转至本科目。

(4) 如当期存在《民间非营利组织会计制度》第五十七条所提及的限定性净资产的限制解除情况，检查相关原始凭据，确定是否符合限制解除的相关条件，并检查相关会计处理是否正确。

(5) 检查净资产是否已按照《民间非营利组织会计制度》的规定在财务报表中恰当列报。

7. 捐赠收入

(1) 获取或编制捐赠收入明细表，复核加计是否正确，并与报表数、总账数和明细账合计数核对是否相符。

(2) 实质性分析程序。

1) 针对已识别需要运用分析程序的有关项目，基于对被审计基金会及其环境的了解，对已记录的捐赠收入金额或相关比率作出独立的预期。评估该预期的准确程度是否足以识别捐赠收入可能存在的重大错报；评估作出预期时所使用的数据的可靠性，考虑获得的信息的来源、可比性、性质和相关性，以及与信息编制相关的控制。

考虑到基金会捐赠收入取得的特点，建立合理的预期比较困难，注册会计师在运用实质性分析程序时需要充分考虑其合理性，在下列情况下可以考虑执行实质性分析程序：

①基金会与捐赠方签订了长期捐赠协议（如，3—5年），可以通过检查协议来取得这类捐赠收入在某一会计期间的合理预期。

②对于公开的募捐活动，取得以前发生过的类似募捐活动的捐款收入信息，以此为基础建立合理的预期。

③结合本期对被审计基金会接受捐赠情况的了解，并查阅会议纪要等相关记录建立预期。

④结合对捐赠业务季节性、周期性规律的了解，将估计的捐赠收入月度/季度变动比例设定为预期值。

⑤对于现金捐赠，取得各捐赠点不同时段的现金捐赠统计明细表，根据经验对不同时段的现金捐赠金额作出合理预期。

2) 确定账面已记录的捐赠收入金额或相关比率与预期值之间的不需要作进一步调查即可接受的差异额。

3）将实际的情况与预期值相比较，识别需要进一步调查的差异。

4）如果其差异超过可接受的差异额，调查并获取充分的解释和恰当的佐证审计证据。

5）评估分析程序的测试结果。

（3）获取本期捐赠收入相关的合同或协议，检查捐赠收入明细表中已确认的捐赠收入是否存在《民间非营利组织会计制度》中规定的不应确认为捐赠收入的情况：

①如果基金会与委托人签定受托代理协议，基金会从委托方收到受托资产，并按照委托人的意愿将资产转赠给指定的其他组织或者个人，则该业务应作为受托代理业务，不应计入捐赠收入。

②如果合同或协议规定，基金会接受资产提供者的资产的条件是为其提供一项服务，则该项资产不能作为捐赠收入，而应作为一项交换交易，计入提供服务收入，并确认相关费用。

③对于劳务捐赠，是否按照《民间非营利组织会计制度》第五十八条的规定，不确认捐赠收入，但需要在财务报表附注中作适当披露。

（4）根据受赠资产的不同形态，检查捐赠收入是否真实发生，捐赠钱物是否完整入账，金额是否准确：

1）如受赠资产为现金，由于现金捐赠通常比较分散，单笔金额小但数量多，在考虑重要性水平的基础上，一般需要对与归集现金捐赠有关的基金会内部控制进行了解、评价和测试，重点关注职责分离、岗位轮换等控制活动。在信赖内部控制的基础上，考虑实施下列实质性程序：

①选取一定数量的样本，将捐赠票据、现金捐赠登记簿、现金日盘点记录、银行送款单、银行进账单、凭证账簿等相关证据进行核对，以确认取得的现金捐赠是否完整记录。

②从银行存款日记账或捐赠收入——现金捐赠明细账中选取一定数量的样本，核对至银行进账单，现金日盘点记录、现金捐赠登记簿、捐赠票据等原始凭据，以确认现金捐赠收入是否真实发生。

2）如受赠资产为银行存款，在考虑重要性水平的基础上，建议实施下列实质性程序：

①从银行存款日记账中选取一定数量的样本，核对至银行进账单、捐款协议等原始凭据，以确认入账款项是否为捐赠款项。

②从网络等渠道取得基金会公告等公开信息，将公开信息中列示的捐款账号、捐款时间等信息与被审计基金会提供给注册会计师的财务信息相核对，以发现是否有未纳入基金会财务核算范围内的银行账户或捐赠款项。

3）如受赠资产为非现金资产，如短期投资、存货、长期投资、固定资产和无形资产等，应当核对至相关资产记录，并通过检查发票、报关单、有关协议等，确认被审计基金会是否按照《民间非营利组织会计制度》第十六条和第十七条的规定，以有关凭据上标明的金额入账，或在适当的情况下，合理确定公允价值作为入账金额。如果被审计基金会采用了公允价值方法确认资产入账价值，注册会计师应当按照《中国注册会计师审计准则第 1321 号——审计会计估计（包括公允价值会计估计）和相关披露》的规定，实施相应的审计程序。

（5）实施截止测试，以确定捐赠收入是否按照《民间非营利组织会计制度》第五十九条（二）的规定，在正确的期间入账。

（6）考虑实施函证程序的适当性，在必要时向捐赠方发出函证，对捐赠金额、捐赠条件等要素进行验证。

（7）如期后存在大额捐赠收入冲回，检查手续是否符合规定，结合原始凭证检查其会计处理是否正确。

（8）确认被审计基金会是否按照《民间非营利组织会计制度》第六十条的规定，设置限定性收入和非限定性收入明细科目，按照资产提供者是否对资产的使用设置了限制，对捐赠收入分别进行核算。

（9）检查捐赠收入是否已按照《民间非营利组织会计制度》第六十一条的规定，在期末相应转入限定性净资产和非限定性净资产科目，并在财务报表中恰当列报。

8. 政府补助收入

（1）获取或编制政府补助收入明细表，复核加计是否正确，并与报表数、总账数和明细账合计数核对是否相符。

（2）检查政府补助收入的确认条件和方法是否符合有关规定，前后期是否一致。

（3）检查各项政府补助收入的真实性：抽查相关原始凭证，检查是否获得必要审批程序，金额计算是否正确，审核其内容的真实性和依据的充分性，检查会计处理是否符合相关规定。

（4）实施截止测试，以确定政府补助收入是否存在跨期现象。

（5）必要时，考虑对本期政府补助收入进行函证。

（6）确认被审计基金会是否按照《民间非营利组织会计制度》第六十条的规定，按照是否对资产的使用设置了限制，对政府补助收入分为非限定性收入和限定性收入进行核算。

（7）检查政府补助收入是否已按照《民间非营利组织会计制度》第六十一条的规定，在期末相应转入限定性净资产和非限定性净资产科目，并在财务报表中作出恰当的列报。

9. 提供服务收入

（1）获取或编制提供服务收入明细表，复核加计是否正确，并与报表数、总账数和明细账合计数核对是否相符。

（2）检查提供服务收入的确认条件和方法是否符合有关规定，前后期是否一致。

（3）在适当时，对提供服务收入执行实质性分析程序。

（4）检查服务收入的真实性、准确性：抽查合同、协议等相关原始凭证，审核交易是否真实发生，入账金额是否准确，会计处理是否符合规定。如存在跨年的服务合同，检查被审计基金会是否按照完工进度分期确认收入。

（5）实施截止测试，以确定提供服务收入是否存在跨期现象。

（6）确认被审计基金会是否将提供服务收入在非限定性收入明细科目中恰当核算。

（7）检查提供服务收入是否已按照《民间非营利组织会计制度》的规定在财务报表中恰当列报。

10. 商品销售收入

（1）获取或编制商品销售收入明细表，复核加计是否正确，并与报表数、总账数和明细账合计数核对是否相符。

（2）检查商品销售收入的确认条件和方法是否符合有关规定，前后期是否一致。

（3）在适当时，对商品销售收入执行实质性分析程序。

（4）检查商品销售收入的真实性、准确性：抽查合同、协议、出库单、发票等相关原始凭证，审核交易是否真实发生，入账金额是否准确，会计处理是否符合规定。

（5）获取被审计基金会销售商品价格目录，抽查价格是否符合价格政策，相关的折扣和优惠有无内部审批，账务处理是否适当。

（6）如期后存在收入冲回，检查手续是否符合规定，结合原始凭证检查其会计处理是否正确。

（7）实施截止测试，以确定商品销售收入是否存在跨期现象。

（8）确认被审计基金会是否将商品销售收入在非限定性收入明细科目中恰当核算。

（9）检查商品销售收入是否已按照《民间非营利组织会计制度》的规定在财务报表中恰当列报。

11. 投资收益

（1）获取或编制投资收益明细表，复核加计是否正确，并与报表数、总账数和明细账合计数核对是否相符。

（2）检查投资收益。结合长期投资、短期投资和银行存款的审计，审核投资收益的真实性和依据的充分性，检查会计处理是否符合相关规定。

（3）检查投资收益是否已按照《民间非营利组织会计制度》的规定在财务报表中作出恰当列报。

12. 其他收入

（1）获取或编制其他收入明细表，复核加计是否正确，并与报表数、总账数和明细账合计数核对是否相符。

（2）检查其他收入明细项目的设置是否符合规定的核算内容与范围。

（3）检查固定资产处置净收入、无形资产处置净收入，复核金额计算及账务处理是否正确。

（4）检查银行存款利息收入。结合银行存款的审计，检查银行对账单及计息凭证。

（5）检查其他收入是否已按照《民间非营利组织会计制度》的规定在财务报表中

作出恰当列报。

13. 业务活动成本

（1）获取或编制业务活动成本明细表，复核加计是否正确，并与报表数、总账数和明细账合计数核对是否相符。

（2）实质性分析程序。

1）针对已识别需要运用分析程序的有关项目，基于对被审计基金会及其环境的了解，对已记录的业务活动成本金额或相关比率作出独立的预期。评估该预期的准确程度是否足以识别业务活动成本可能存在的重大错报；评估作出预期时所使用的数据的可靠性，考虑获得的信息的来源、可比性、性质和相关性，以及与信息编制相关的控制。可以考虑选用下列方式确定预期值：

①将主要项目的上期业务活动成本或本期预算金额作为预期。

②结合本期对被审计基金会从事项目、提供服务或开展业务情况的了解，并查阅会议纪要等相关记录建立对业务活动成本的预期。

③针对人工及管理费用与捐赠收入比例建立预期。

④结合对捐赠业务季节性、周期性规律的了解，将估计的业务活动成本月度/季度变动比例设定为预期值。

⑤对于特定的捐赠项目，如公共设施捐赠，注册会计师可以根据自己的估计或通过取得其他类似项目的数据建立预期。

2）确定账面已记录的业务活动成本金额或相关比率与预期值之间的不需要作进一步调查即可接受的差异额。

3）将实际的情况与预期值相比较，识别需要进一步调查的差异。

4）如果其差异超过可接受的差异额，调查并获取充分的解释和恰当的佐证审计证据。

5）评估分析程序的测试结果。

（3）针对业务活动成本中重大调整事项、非常规项目，检查相关原始凭证，评价真实性和合理性，检查其会计处理是否正确。

（4）根据民政部关于印发《关于规范基金会行为的若干规定（试行）》的通知（民发［2012］124号）第一条（十）的规定，基金会应当对公益捐赠的使用情况进行全过程监督，确保受赠款物及时足额拨付和使用。基金会在开展业务活动时，通常会在与捐赠方签订的捐赠协议中对基金会的责任履行予以明确。因此，注册会计师在对基金会的业务活动成本进行检查时，首先需要对所选定的捐赠协议进行检查，确定在满足哪些条件时，基金会才会被视为相关责任履行完毕，并能够确认业务活动成本。在此基础上执行下述程序，对业务活动成本是否真实发生、记录金额是否准确、记录期间是否适当等获取相应的审计证据。

（5）从业务活动成本明细表中抽取样本，通过检查合同协议、发票、收据等原始凭据并与记账凭证相核对，以及考虑实施实地走访、电话回访、实地监盘等程序，确认在业务活动成本中记录的支出真实发生，与被审计基金会的正常业务支出直接相关，金额记录准确。举例如下：

①助医、开设培训班等捐助活动，捐助对象为医院、学校等机构，可以通过检查合同、协议、发票的方式，在必要时可以对被捐助者进行实地或电话回访（在回访过程中注意提问方式，建议多以开放式提问方式从被访问对象获取相关信息，与被审计基金会所提供的捐赠原始凭据相核对），以确认捐助活动真实发生。同时，考虑是否实施函证程序。

②扶贫、助学等捐助活动，捐助对象为分散的个人，可以通过检查有被捐助人确认的收据、登记表等原始凭据，在必要时也可以考虑进行实地或电话回访，以确认被捐助对象和捐助活动的真实性。

③捐助活动为捐建学校、医院等公共设施，可以通过检查施工合同，工程预决算资料，实地观察盘点，走访被捐助地区有关人员等方式，以确认捐助活动真实发生。

④捐助活动为向地方执行机构拨款，通过检查汇款记录、协议等资料，以确认捐助活动真实发生。同时，考虑是否实施函证程序。

（6）通过检查捐助协议等资料，确认捐助支出等业务活动成本应归属期间，在此基础上实施截止测试，结合对期后的大额或异常银行付款记录进行检查，以确定业务活动成本是否存在跨期现象。

（7）业务活动成本中除了直接用于受益人的款项之外，通常会有相当金额的为了实现业务活动目标、开展项目活动或者提供服务所发生的费用，例如，项目人员的差旅费、工资等。捐赠协议通常会对执行费用的比例作出规定。注册会计师需要获取并检查相关原始凭证，对业务活动成本中的执行费用的真实性、完整性和准确性获取审计证据，关注是否存在不符合协议要求的情况，会计处理是否适当。

（8）结合其他相关科目的审计，确认是否存在业务活动成本与管理费用、筹资费用及其他费用等的分类错误。例如，可以通过观察关键岗位人员工作状态以及检查内部部门分工，以确认员工成本是否准确计入业务活动成本、筹资费用或管理费用。如果基金会在分配成本费用时需要引入重大会计估计，注册会计师应当检查会计估计的合理性以及是否在财务报表中充分披露。

（9）接受政府补助的基金会通常需要提供一定比例的公共服务，注册会计师应当验证归集到公共服务项目的成本是否确实属于捐赠合同项下的公共服务支出，计量是否准确。

（10）《基金会管理条例》第二十九条规定了公募基金会和非公募基金会每年用于公益事业支出的金额比例，如果在审计过程中，发现相关比例接近临界值，注册会计师要考虑扩大上述（3）至（9）条实质性程序的样本量，以发现虽然金额不重大，但影响关键比例的、性质上重大的错报。

（11）检查被审计基金会期末是否按照《民间非营利组织会计制度》第六十四条的规定，将本期发生的各项业务活动成本结转至净资产项下的非限定性净资产，作为非限定性净资产的减项。

（12）检查业务活动成本是否已按照《民间非营利组织会计制度》的规定在财务报表中恰当列报。

14. 管理费用

获取或编制管理费用明细表，复核加计是否正确，并与报表数、总账数和明细账合计数核对是否相符。

（1）将管理费用中的人员经费、固定资产折旧、无形资产摊销等项目与各有关账户进行核对，分析其勾稽关系的合理性，并作出相应记录。

（2）比较本期与上期各月管理费用的波动趋势，并查明异常情况的原因。

（3）检查管理费用的内容是否符合有关规定。

（4）检查聘请中介机构费、咨询费，确定是否按合同规定支付费用，是否涉及诉讼及赔偿款项支出。

（5）检查诉讼费用并结合或有事项审计，确认涉及的相关重大诉讼事项是否已在财务报表附注中进行披露，还需进一步关注诉讼状态，判断有无预计负债，或是否存在损失已发生而未入账的事项。

（6）复核本期发生的税费是否正确。

（7）针对管理费用中的重要或异常项目，检查相关原始凭证，评价真实性和合理性，检查其会计处理是否正确。

（8）实施截止测试，以确定管理费用是否存在跨期现象。

（9）按照《基金会管理条例》第二十九条的规定，基金会工作人员工资福利和行政办公支出不得超过当年总支出的10%。在对工资福利和行政办公支出的审计过程中，需要关注这些费用项目的完整性、分类和截止，实施相应的实质性程序。例如：

①通过对工资福利和行政办公支出进行合理预期（如通过员工人数和人均工资福利对工资福利金额进行预期；通过租赁合同中的月租金和租赁期间对工作场所租金进行预期）实施分析程序，取得相关费用是否完整记录的审计证据。

②取得接近资产负债表日的费用科目明细账，检查是否有性质异常的发生或抵减项目。

③取得资产负债表日后一段期间的费用明细账或付款记录，检查是否有应记录在上一会计年度的工资福利或行政办公支出。

（10）检查被审计基金会期末是否按照《民间非营利组织会计制度》第六十四条的规定，将本期发生的各项管理费用结转至净资产项下的非限定性净资产，作为非限定性净资产的减项。

（11）检查管理费用是否已按照《民间非营利组织会计制度》的规定在财务报表中作出恰当列报。

15. 筹资费用

（1）获取或编制筹资费用明细表，复核加计是否正确，并与报表数、总账数和明细账合计数核对是否相符。

（2）比较本期与上期各月筹资费用的波动趋势，并查明异常情况的原因。

（3）分析各期间捐赠收入与筹资费用的比例是否存在异常，查明原因。

（4）检查筹资费用的内容是否符合有关规定。

（5）结合相关项目的审计，判断被审计基金会是否存在将应记入筹资费用的项目计入业务活动成本、管理费用及其他费用等情况。

（6）针对筹资费用中的重要或异常项目，检查相关原始凭证，评价真实性和合理性，检查其会计处理是否正确。

（7）实施截止测试，以确定筹资费用是否存在跨期现象。

（8）检查被审计基金会期末是否按照《民间非营利组织会计制度》第六十四条的规定，将本期发生的各项筹资费用结转至净资产项下的非限定性净资产，作为非限定性净资产的减项。

（9）检查筹资费用是否已按照《民间非营利组织会计制度》的规定在财务报表中恰当列报。

16. 其他费用

（1）获取或编制其他费用明细表，复核加计是否正确，并与报表数、总账数和明细账合计数核对是否相符。

（2）检查其他费用明细项目的设置是否符合规定的核算内容与范围。

（3）检查固定资产处置净损失、无形资产处置净损失，复核金额计算及账务处理是否正确。

（4）检查被审计基金会期末是否按照《民间非营利组织会计制度》第六十四条的规定，将本期发生的各项其他费用结转至净资产项下的非限定性净资产，作为非限定性净资产的减项。

（5）检查其他费用是否已按照《民间非营利组织会计制度》的规定在财务报表中恰当列报。

17. 所得税费用（通常在“其他费用”科目核算）

（1）获取或编制所得税明细表，复核加计是否正确，并与报表数、总账数和明细账合计数核对是否相符。

（2）获取被审计基金会管理层编制的当期所得税调节表，检查各调节项目的合理性和准确性，尤其关注免税项目是否符合财税［2009］122号文的相关规定。

（3）如被审计基金会享受免税资格，检查其是否满足财税［2009］123号文规定的免税认定条件，并已按相关规定及时提出免税资格申请并获得财政、税务部门的批准。

（4）免税期满，检查被审计基金会是否按照财税［2009］123号文的规定，及时提出复审申请并获得财政、税务部门的批准。

（5）检查所得税费用是否已按照《民间非营利组织会计制度》的规定在财务报表

中恰当列报。

18. 财务会计报告

(1) 验证被审计基金会已按照《民间非营利组织会计制度》第七十、七十一、七十二条的要求，编制和列报了整套财务报表，包括：

①截至本期末的资产负债表；

②本期间的业务活动表；

③本期间的现金流量表；

④财务报表附注。

(2) 获取相关报表的支持性明细表，实施适当测试，以确保相关财务报表与支持性明细表不存在重大差异。

(3) 验证财务报表中包含的比较信息已恰当列报。

(4) 获取适当证据，以确定财务报表是否已满足相关披露要求。

第七章　审计报告

审计报告是注册会计师根据审计准则和本指引的规定，在实施审计工作的基础上对被审计基金会财务报表发表审计意见的书面文件。注册会计师应当在审计报告中明确表述审计意见。

一、完成审计工作

在实施恰当的审计程序后，注册会计师应当汇总实施审计程序得出的结果，评价根据审计证据得出的结论是否恰当。在对基金会财务报表形成审计意见时，注册会计师应当针对基金会财务报表整体是否不存在由于舞弊或者错误导致的重大错报得出结论，并确定是否已就此获取了合理保证。

在得出结论时，注册会计师应当考虑：

1. 按照《中国注册会计师审计准则第 1231 号——针对评估的重大错报风险采取的应对措施》的规定，是否已获取充分、适当的审计证据；

2. 按照《中国注册会计师审计准则第 1251 号——评价审计过程中识别出的错报》的规定，未更正错报单独或汇总起来是否重大；

3. 对于基金会财务报表，就以下方面做出评价：

（1）基金会财务报表是否在所有重大方面按照《民间非营利组织会计制度》的规定编制。

（2）根据《民间非营利组织会计制度》的规定，评价基金会财务报表：

①是否充分披露了选择和运用的重要会计政策；

②选择和运用的会计政策是否符合《民间非营利组织会计制度》的规定，并适合被审计基金会的具体情况；

③管理层作出的会计估计是否合理；

④列报的信息是否具有相关性、可靠性、可比性和可理解性；

⑤是否作出充分披露，使基金会财务报表预期使用者能够理解重大交易和事项对财务报表所传递的信息的影响；

⑥使用的术语（包括每一财务报表的标题）是否适当。

（3）基金会财务报表是否实现公允反映，包括：

①基金会财务报表的整体列报、结构和内容是否合理；

②基金会财务报表（包括相关附注）是否公允地反映了相关交易和事项。

(4) 财务报表是否恰当提及或说明适用的编制基础为《民间非营利组织会计制度》。

二、审计报告的基本内容

审计报告需要包括下列要素：标题；收件人；引言段；管理层对财务报表的责任段；注册会计师的责任段；审计意见段；注册会计师的签名和盖章；会计师事务所的名称、地址及盖章；报告日期。

（一）标题

审计报告的标题统一规范为“审计报告”。

（二）收件人

审计报告的收件人是指注册会计师按照审计业务约定书的要求致送审计报告的对象。收件人一般是被审计基金会的理事会或治理层。如果属第三方委托，收件人一般为委托方。审计报告需要载明收件人的全称。

（三）引言段

审计报告的引言段需要包括下列方面：

1. 指出被审计基金会的名称；
2. 说明基金会财务报表已经审计；
3. 指出构成整套财务报表的每一财务报表的名称；
4. 提及财务报表附注；
5. 指明构成整套财务报表的每一财务报表的日期或涵盖的期间。

（四）管理层对财务报表的责任段

管理层对财务报表的责任段需要说明，编制财务报表是管理层的责任，这种责任包括：

1. 按照《民间非营利组织会计制度》的规定编制基金会财务报表，并使其实现公允反映。

2. 设计、执行和维护必要的内部控制，以使基金会财务报表不存在由于舞弊或错误导致的重大错报。

（五）注册会计师的责任段

1. 注册会计师的责任是在执行审计工作的基础上对基金会财务报表发表审计意见。

2. 注册会计师按照中国注册会计师审计准则和《基金会财务报表审计指引》的规定执行了审计工作。中国注册会计师审计准则和本指引要求注册会计师遵守中国注册会计师职业道德守则，计划和执行审计工作，以对基金会财务报表是否不存在重大错报获取合理保证。

3. 审计工作涉及实施审计程序，以获取有关基金会财务报表金额和披露的审计证据。选择的审计程序取决于注册会计师的判断，包括对由于舞弊或错误导致的财务报表重大错报风险的评估。在进行风险评估时，注册会计师考虑与财务报表编制和公允列报相关的内部控制，以设计恰当的审计程序，但目的并非对内部控制的有效性发表意见。审计工作还包括评价管理层选用会计政策的恰当性和作出会计估计的合理性，以及评价财务报表的总体列报。

4. 注册会计师相信获取的审计证据是充分、适当的，为其发表审计意见提供了基础。

（六）审计意见段

审计意见段需要说明，被审计基金会财务报表是否在所有重大方面按照《民间非营利组织会计制度》的规定编制，是否公允反映了被审计基金会的财务状况、业务活动成果和现金流量。

（七）注册会计师的签名和盖章

审计报告需要由注册会计师签名和盖章。

（八）会计师事务所的名称、地址及盖章

审计报告需要载明会计师事务所的名称和地址，并加盖会计师事务所公章。

（九）报告日期

审计报告需要注明报告日期。审计报告日不应早于注册会计师获取充分、适当的审计证据，并在此基础上对基金会财务报表形成审计意见的日期。

在确定审计报告日时，注册会计师需要确信已获取以下两方面的证据：

1. 构成整套财务报表的所有报表（包括相关附注）已编制完成。

2. 被审计基金会的理事会、管理层或类似机构已经认可其对基金会财务报表负责。

三、审计报告的类型

审计报告可以分为无保留意见的审计报告和非无保留意见的审计报告。其中，非无保留意见的审计报告包括保留意见的审计报告、否定意见的审计报告和无法表示意见的审计报告。

如果认为必要，注册会计师可以在审计报告中增加强调事项段和其他事项段，以提供对使用者理解财务报表至关重要事项的信息，或有助于使用者理解审计工作、注册会计师的责任或与审计报告相关事项的补充信息。

（一）无保留意见

如果认为基金会财务报表在所有重大方面按照《民间非营利组织会计制度》的规定编制并实现公允反映，注册会计师应当发表无保留意见。

（二）保留意见

（1）在获取充分、适当的审计证据后，如果认为错报单独或汇总起来对基金会财务报表的影响重大，但不具有广泛性。

（2）注册会计师无法获取充分、适当的审计证据以作为形成审计意见的基础，但未发现的错报（如存在）可能产生的影响重大，但不具有广泛性。

（三）否定意见

在获取充分、适当的审计证据后，如果认为错报单独或汇总起来对基金会财务报表的影响重大，且具有广泛性。

（四）无法表示意见

注册会计师无法获取充分、适当的审计证据以作为形成审计意见的基础，但未发现的错报（如存在）可能产生的影响重大且具有广泛性。

（五）强调事项段和其他事项段

如果认为有必要提醒基金会财务报表使用者关注已在基金会财务报表中列报或披露，且根据职业判断认为对基金会财务报表使用者理解财务报表至关重要的事项，注册会计师在已获取充分、适当的审计证据证明该事项在财务报表中不存在重大错报的条件下，应当在审计报告中增加强调事项段。强调事项段应当仅提及已在财务报表中列报或披露的信息。

对于未在财务报表中列报或披露，但根据职业判断认为与财务报表使用者理解审计工作、注册会计师的责任或审计报告相关且未被法律法规禁止的事项，如果认为有必要沟通，注册会计师应当在审计报告中增加其他事项段，并使用“其他事项”或其他适当标题。注册会计师应当将其他事项段紧接在审计意见段和强调事项段之后。如果其他事项段的内容与其他报告责任部分相关，这一段落也可以置于审计报告的其他位置。

本指引附录三列示了审计报告的参考格式。

除对基金会按照《民间非营利组织会计制度》编制的财务报表进行审计外，为满足基金会接受民政部门监督检查的需要，注册会计师还应当接受委托，在对基金会年度财务报表进行审计的基础上，对基金会年度工作报告中载明的当年公益事业支出占上年度总收入的比例（或占上年度基金余额的比例）、工作人员工资福利和行政办公支出占当年总支出的比例等专项信息进行审核，出具专项信息审核报告。本指引附录四列示了专项信息审核报告的参考格式。

第八章　附　　则

本指引自 2013 年 1 月 1 日起施行。

附录一：

审计业务约定书参考格式

甲方：ABC 基金会

乙方：××会计师事务所

兹由甲方委托乙方对 20×2 年度财务报表进行审计，经双方协商，达成以下约定：

一、审计的目标和范围

1. 乙方接受甲方委托，对甲方按照《民间非营利组织会计制度》编制的 20×2 年 12 月 31 日的资产负债表，20×2 年度的业务活动表和现金流量表以及财务报表附注（以下统称财务报表）进行审计。

2. 乙方通过执行审计工作，对财务报表的下列方面发表审计意见：（1）财务报表是否在所有重大方面按照《民间非营利组织会计制度》的规定编制；（2）财务报表是否在所有重大方面公允反映了甲方 20×2 年 12 月 31 日的财务状况以及 20×2 年度的业务活动成果和现金流量。

二、甲方的责任

1. 根据《中华人民共和国会计法》，甲方及甲方负责人有责任保证会计资料的真实性和完整性。因此，甲方管理层有责任妥善保存和提供会计记录（包括但不限于会计凭证、会计账簿及其他会计资料），这些记录必须真实、完整地反映甲方的财务状况、业务活动成果和现金流量。

2. 按照《民间非营利组织会计制度》的规定编制和公允列报财务报表是甲方管理层的责任，这种责任包括：（1）按照《民间非营利组织会计制度》的规定编制财务报表，并使其实现公允反映；（2）设计、执行和维护必要的内部控制，以使财务报表不存在由于舞弊或错误导致的重大错报。

3. 及时为乙方的审计工作提供与审计有关的所有记录、文件和所需的其他信息（在 20×3 年×月×日之前提供审计所需的全部资料，如果在审计过程中需要补充资料，亦应及时提供），并保证所提供资料的真实性和完整性。

4. 确保乙方不受限制地接触其认为必要的甲方内部人员和其他相关人员。

[下段适用于集团财务报表审计业务，使用时需根据客户/约定项目的特定情况修改，如果加入此段，应相应修改本约定书第一项关于业务范围的表述，并调整下面其他条款

的编号。]

[5. 为满足乙方对甲方合并财务报表发表审计意见的需要，甲方须确保：

乙方和对组成部分财务信息执行相关工作的组成部分注册会计师之间的沟通不受任何限制。

乙方及时获悉组成部分注册会计师与组成部分治理层和管理层之间的重要沟通（包括就值得关注的内部控制缺陷进行的沟通）。

乙方及时获悉组成部分治理层和管理层与监管机构就与财务信息有关的事项进行的重要沟通。

在乙方认为必要时，允许乙方接触组成部分的信息、组成部分管理层或组成部分注册会计师（包括组成部分注册会计师的工作底稿），并允许乙方对组成部分的财务信息执行相关工作。]

5. 甲方管理层对其作出的与审计有关的声明予以书面确认。

6. 为乙方派出的有关工作人员提供必要的工作条件和协助，乙方将于外勤工作开始前提供主要事项清单。

7. 按照本约定书的约定及时足额支付审计费用以及乙方人员在审计期间的交通、食宿和其他相关费用。

8. 乙方的审计不能减轻甲方及甲方管理层的责任。

三、乙方的责任

1. 乙方的责任是在执行审计工作的基础上对甲方财务报表发表审计意见。乙方根据中国注册会计师审计准则（以下简称审计准则）和《基金会财务报表审计指引》的规定执行审计工作。审计准则和《基金会财务报表审计指引》要求注册会计师遵守中国注册会计师职业道德守则，计划和执行审计工作以对财务报表是否不存在重大错报获取合理保证。

[下段适用于集团财务报表审计业务，使用时需根据客户/约定项目的特定情况修改，如果加入此段，应相应修改本约定书第一项关于业务范围的表述，并调整下面其他条款的编号。]

[2. 对不由乙方执行相关工作的组成部分财务信息，乙方不单独出具报告；有关的责任由对该组成部分执行相关工作的组成部分注册会计师及其所在的会计师事务所承担。]

2. 审计工作涉及实施审计程序，以获取有关财务报表金额和披露的审计证据。选择的审计程序取决于乙方的判断，包括对由于舞弊或错误导致的财务报表重大错报风险的评估。在进行风险评估时，乙方考虑与财务报表编制和公允列报相关的内部控制，以设计恰当的审计程序，但目的并非对内部控制的有效性发表意见。审计工作还包括评价管理层选用会计政策的恰当性和作出会计估计的合理性，以及评价财务报表的总体列报。

3. 由于审计和内部控制的固有限制，即使按照审计准则和《基金会财务报表审计指引》的规定适当地计划和执行审计工作，仍不可避免地存在财务报表的某些重大错报可能未被乙方发现的风险。

4. 在审计过程中，乙方若发现甲方存在乙方认为值得关注的内部控制缺陷，应以书面形式向甲方治理层或管理层通报。但乙方通报的各种事项，并不代表已全面说明所有可能存在的缺陷或已提出所有可行的改进建议。甲方在实施乙方提出的改进建议前应全面评估其影响。未经乙方书面许可，甲方不得向任何第三方提供乙方出具的沟通文件。

5. 按照约定时间完成审计工作，出具审计报告。乙方应于20×3年×月×日前出具审计报告。

6. 除下列情况外，乙方应当对执行业务过程中知悉的甲方信息予以保密：（1）法律法规允许披露，并取得甲方的授权；（2）根据法律法规的要求，为法律诉讼、仲裁准备文件或提供证据，以及向监管机构报告发现的违法行为；（3）在法律法规允许的情况下，在法律诉讼、仲裁中维护自己的合法权益；（4）接受注册会计师协会或监管机构的执业质量检查，答复其询问和调查；（5）法律法规、执业准则和职业道德规范规定的其他情形。

四、审计收费

1. 本次审计服务的收费是以乙方各级别工作人员在本次工作中所耗费的时间为基础计算的。乙方预计本次审计服务的费用总额为人民币××万元。

2. 甲方应于本约定书签署之日起××日内支付×%的审计费用，其余款项于［审计报告草稿完成日］结清。

3. 如果由于无法预见的原因，致使乙方从事本约定书所涉及的审计服务实际时间较本约定书签订时预计的时间有明显增加或减少时，甲乙双方应通过协商，相应调整本部分第1段所述的审计费用。

4. 如果由于无法预见的原因，致使乙方人员抵达甲方的工作现场后，本约定书所涉及的审计服务中止，甲方不得要求退还预付的审计费用；如上述情况发生于乙方人员完成现场审计工作，并离开甲方的工作现场之后，甲方应另行向乙方支付人民币××元的补偿费，该补偿费应于甲方收到乙方的收款通知之日起××日内支付。

5. 与本次审计有关的其他费用（包括交通费、食宿费等）由甲方承担。

五、审计报告和审计报告的使用

1. 乙方按照中国注册会计师审计准则和《基金会财务报表审计指引》规定的格式和类型出具审计报告。

2. 乙方向甲方致送审计报告一式×份。

3. 甲方在提交或对外公布乙方出具的审计报告及其后附的已审计财务报表时，不得对其进行修改。当甲方认为有必要修改会计数据、报表附注和所作的说明时，应当事先通知乙方，乙方将考虑有关的修改对审计报告的影响，必要时，将重新出具审计报告。

六、本约定书的有效期间

本约定书自签署之日起生效，并在双方履行完毕本约定书约定的所有义务后终止。但其中第三项第 6 段、第四、五、七、八、九、十项并不因本约定书终止而失效。

七、约定事项的变更

如果出现不可预见的情况，影响审计工作如期完成，或需要提前出具审计报告，甲、乙双方均可要求变更约定事项，但应及时通知对方，并由双方协商解决。

八、终止条款

1. 如果根据乙方的职业道德及其他有关专业职责、适用的法律法规或其他任何法定的要求，乙方认为已不适宜继续为甲方提供本约定书约定的审计服务，乙方可以采取向甲方提出合理通知的方式终止履行本约定书。

2. 在本约定书终止的情况下，乙方有权就其于终止之日前对约定的审计服务项目所做的工作收取合理的费用。

九、违约责任

甲、乙双方按照《中华人民共和国合同法》的规定承担违约责任。

十、适用法律和争议解决

本约定书的所有方面均应适用中华人民共和国法律进行解释并受其约束。本约定书履行地为乙方出具审计报告所在地，因本约定书引起的或与本约定书有关的任何纠纷或争议（包括关于本约定书条款的存在、效力或终止，或无效之后果），双方协商确定采取以下第________种方式予以解决：

（1）向有管辖权的人民法院提起诉讼；

（2）提交××仲裁委员会仲裁。

十一、双方对其他有关事项的约定

本约定书一式两份，甲、乙双方各执一份，具有同等法律效力。

甲方：ABC 基金会（盖章）	乙方：××会计师事务所（盖章）
授权代表：（签名并盖章）	授权代表：（签名并盖章）
二○×三年×月×日	二○×三年×月×日

附录二：

专项信息审核业务约定书参考格式①

甲方：ABC 基金会

乙方：××会计师事务所

兹由甲方委托乙方对甲方按照《基金会管理条例》及相关规定编制的专项信息进行审核，经双方协商，达成以下约定：

一、审核的目标和范围

1. 乙方接受甲方委托，在对甲方20×2 年度财务报表进行审计的基础上，对甲方按照《基金会管理条例》及相关规定编制的20×2 年度工作报告中所述如下信息（以下简称专项信息）进行审核：

(1) 在“三（三）公益支出情况”中，载明的当年公益事业支出占上年度总收入的比例（或占上年末基金余额的比例）、工作人员工资福利和行政办公支出占总支出的比例；

(2) 在“三（四）大额捐赠收入情况”中，载明的当年累计捐赠超过基金会当年捐赠收入 5% 以上的捐赠单位或个人以及捐赠用途；

(3) 在“三（六）重大公益项目收支明细表”中，载明的基金会当年开展的重大公益项目的名称、收入、支出明细；

(4) 在“三（七）重大公益项目大额支付对象”中，载明的基金会当年开展的重大公益项目的名称、大额支付对象、支付金额、占公益总支出的比例以及用途；

(5) 在“三（八）委托理财”中，载明的基金会当年开展的所有委托理财活动的详细情况；

(6) 在“三（九）投资收益”中，载明的基金会当年所有产生投资收益的来源及金额；

(7) 在“三（十）关联方关系及其交易的说明”中，载明的基金会当年的所有重要关联方、关联交易以及关联方往来的明细。

2. 乙方通过执行审核工作，对专项信息是否在所有重大方面按照《基金会管理条

① 如需要，可以考虑将审计业务约定书与专项信息审核业务约定书整合为一份业务约定书。

例》及相关规定编制提出审核结论。

二、甲方的责任

1. 根据《中华人民共和国会计法》，甲方及甲方负责人有责任保证会计资料的真实性和完整性。甲方管理层有责任妥善保存和提供会计记录（包括但不限于会计凭证、会计账簿及其他会计资料）。

2. 按照《基金会管理条例》及相关规定真实、完整地编制专项信息是甲方的责任。

3. 及时为乙方的审核工作提供有关的所有记录、文件和所需的其他信息（在20×3年×月×日之前提供审核所需的全部资料，如果在审核过程中需要补充资料，亦应及时提供），并保证所提供资料的真实性和完整性。

4. 确保乙方不受限制地接触其认为必要的甲方内部人员和其他相关人员。

5. 甲方管理层对其作出的与本次审核有关的声明予以书面确认。

6. 为乙方派出的有关工作人员提供必要的工作条件和协助，乙方将于外勤工作开始前提供主要事项清单。

7. 按照本约定书的约定及时足额支付审核费用以及乙方人员在审核期间的交通、食宿和其他相关费用。

8. 乙方的审核不能减轻甲方及甲方管理层的责任。

三、乙方的责任

1. 乙方的责任是在执行审核工作的基础上，对专项信息是否在所有重大方面按照《基金会管理条例》及相关规定编制提出审核结论。乙方根据《中国注册会计师其他鉴证业务准则第3101号——历史财务信息审计或审阅以外的鉴证业务》执行审核工作。

2. 审核工作涉及实施询问、检查记录和文件、重新计算以及与乙方审计甲方20×2年度财务报表时甲方提供的会计资料和经审计财务报表的相关内容进行核对等乙方认为必要的程序。

3. 由于审核工作和内部控制的固有限制，即使按照《中国注册会计师其他鉴证业务准则第3101号——历史财务信息审计或审阅以外的鉴证业务》的规定适当地计划和执行审核工作，仍不可避免地存在专项信息的某些重大错报可能未被乙方发现的风险。

4. 在审核过程中，乙方若发现甲方存在乙方认为值得关注的内部控制缺陷，应以书面形式向甲方治理层或管理层通报。但乙方通报的各种事项，并不代表已全面说明所有可能存在的缺陷或已提出所有可行的改进建议。甲方在实施乙方提出的改进建议前应全面评估其影响。未经乙方书面许可，甲方不得向任何第三方提供乙方出具的沟通文件。

5. 按照约定时间完成审核工作，出具审核报告。乙方应于20×3年×月×日前出具专项信息审核报告。

6. 除下列情况外，乙方应当对执行业务过程中知悉的甲方信息予以保密：（1）法律法规允许披露，并取得甲方的授权；（2）根据法律法规的要求，为法律诉讼、仲裁准备文件或提供证据，以及向监管机构报告发现的违法行为；（3）在法律法规允许的情况下，在法律诉讼、仲裁中维护自己的合法权益；（4）接受注册会计师协会或监管机构的执业质量检查，答复其询问和调查；（5）法律法规、执业准则和职业道德规范规定的其他情形。

四、审核收费

1. 本次审核服务的收费是以乙方各级别工作人员在本次工作中所耗费的时间为基础计算的。乙方预计本次审核服务的费用总额为人民币××万元。

2. 甲方应于本约定书签署之日起××日内支付×%的审核费用，其余款项于［专项信息审核报告草稿完成日］结清。

3. 如果由于无法预见的原因，致使乙方从事本约定书所涉及的审核服务实际时间较本约定书签订时预计的时间有明显增加或减少时，甲乙双方应通过协商，相应调整本部分第1段所述的审核费用。

4. 如果由于无法预见的原因，致使乙方人员抵达甲方的工作现场后，本约定书所涉及的审核服务中止，甲方不得要求退还预付的审核费用；如上述情况发生于乙方人员完成现场审核工作，并离开甲方的工作现场之后，甲方应另行向乙方支付人民币××元的补偿费，该补偿费应于甲方收到乙方的收款通知之日起××日内支付。

5. 与本次审核有关的其他费用（包括交通费、食宿费等）由甲方承担。

五、审核报告及其使用

1. 乙方按照《中国注册会计师其他鉴证业务准则第3101号——历史财务信息审计或审阅以外的鉴证业务》的规定出具审核报告。

2. 乙方向甲方致送审核报告一式×份。

3. 审核报告仅供甲方向民政部门报送年度报告时使用。甲方在报送乙方出具的审核报告及经审核的专项信息时，不得对其进行修改。当甲方认为有必要对专项信息进行修改时，应当事先通知乙方，乙方将考虑有关的修改对审核报告的影响，必要时，将重新出具审核报告。

六、本约定书的有效期间

本约定书自签署之日起生效，并在双方履行完毕本约定书约定的所有义务后终止。但其中第三项第6段、第四、五、七、八、九、十项并不因本约定书终止而失效。

七、约定事项的变更

如果出现不可预见的情况，影响审核工作如期完成，或需要提前出具审核报告，甲、乙双方均可要求变更约定事项，但应及时通知对方，并由双方协商解决。

八、终止条款

1. 如果根据乙方的职业道德及其他有关专业职责、适用的法律法规或其他任何法定的要求，乙方认为已不适宜继续为甲方提供本约定书约定的审核服务，乙方可以采取向甲方提出合理通知的方式终止履行本约定书。

2. 在本约定书终止的情况下，乙方有权就其于终止之日前对约定的审核服务项目所做的工作收取合理的费用。

九、违约责任

甲、乙双方按照《中华人民共和国合同法》的规定承担违约责任。

十、适用法律和争议解决

本约定书的所有方面均应适用中华人民共和国法律进行解释并受其约束。本约定书履行地为乙方出具审核报告所在地，因本约定书引起的或与本约定书有关的任何纠纷或争议（包括关于本约定书条款的存在、效力或终止，或无效之后果），双方协商确定采取以下第__________种方式予以解决：

（1）向有管辖权的人民法院提起诉讼；

（2）提交××仲裁委员会仲裁。

十一、双方对其他有关事项的约定

本约定书一式两份，甲、乙双方各执一份，具有同等法律效力。

甲方：ABC 基金会（盖章）	乙方：××会计师事务所（盖章）
授权代表：（签名并盖章）	授权代表：（签名并盖章）
二〇×三年×月×日	二〇×三年×月×日

附录三：审计报告参考格式

（一）无保留意见审计报告参考格式

审 计 报 告

[适当的收件人]：

一、对财务报表出具的审计报告[①]

我们审计了后附的ABC基金会财务报表，包括20×2年12月31日的资产负债表，20×2年度的业务活动表和现金流量表以及财务报表附注。

（一）管理层对财务报表的责任

编制和公允列报财务报表是ABC基金会管理层的责任，这种责任包括：（1）按照《民间非营利组织会计制度》的规定编制财务报表，并使其实现公允反映；（2）设计、执行和维护必要的内部控制，以使财务报表不存在由于舞弊或错误导致的重大错报。

（二）注册会计师的责任

我们的责任是在执行审计工作的基础上对财务报表发表审计意见。我们按照中国注册会计师审计准则和《基金会财务报表审计指引》的规定执行了审计工作。中国注册会计师审计准则要求我们遵守中国注册会计师职业道德守则，计划和执行审计工作以对财务报表是否不存在重大错报获取合理保证。

审计工作涉及实施审计程序，以获取有关财务报表金额和披露的审计证据。选择的审计程序取决于注册会计师的判断，包括对由于舞弊或错误导致的财务报表重大错报风险的评估。在进行风险评估时，注册会计师考虑与财务报表编制和公允列报相关的内部控制，以设计恰当的审计程序，但目的并非对内部控制的有效性发表意见。审计工作还包括评价管理层选用会计政策的恰当性和作出会计估计的合理性，以及评价财务报表的总体列报。

我们相信，我们获取的审计证据是充分、适当的，为发表审计意见提供了基础。

（三）审计意见

我们认为，ABC基金会财务报表在所有重大方面按照《民间非营利组织会计制度》的规定编制，公允反映了ABC基金会20×2年12月31日的财务状况以及20×2年度的

① 如果审计报告中不包含“按照相关法律法规的要求报告的事项”部分，则不需要加入此标题。

业务活动成果和现金流量。

二、按照相关法律法规的要求报告的事项

（本部分报告的格式和内容，取决于相关法律法规对其他报告责任的规定）

××会计师事务所　　　　　　　　　中国注册会计师：×××
（盖章）　　　　　　　　　　　　（签名并盖章）
　　　　　　　　　　　　　　　　中国注册会计师：×××
　　　　　　　　　　　　　　　　（签名并盖章）
中国·××市　　　　　　　　　　　二〇×三年×月×日

（二）保留意见审计报告参考格式

审 计 报 告

[适当的收件人]：

一、对财务报表出具的审计报告

我们审计了后附的ABC基金会财务报表，包括20×2年12月31日的资产负债表，20×2年度的业务活动表和现金流量表以及财务报表附注。

（一）管理层对财务报表的责任

编制和公允列报财务报表是ABC基金会管理层的责任，这种责任包括：（1）按照《民间非营利组织会计制度》的规定编制财务报表，并使其实现公允反映；（2）设计、执行和维护必要的内部控制，以使财务报表不存在由于舞弊或错误导致的重大错报。

（二）注册会计师的责任

我们的责任是在执行审计工作的基础上对财务报表发表审计意见。我们按照中国注册会计师审计准则和《基金会财务报表审计指引》的规定执行了审计工作。中国注册会计师审计准则要求我们遵守中国注册会计师职业道德守则，计划和执行审计工作以对财务报表是否不存在重大错报获取合理保证。

审计工作涉及实施审计程序，以获取有关财务报表金额和披露的审计证据。选择的审计程序取决于注册会计师的判断，包括对由于舞弊或错误导致的财务报表重大错报风险的评估。在进行风险评估时，注册会计师考虑与财务报表编制和公允列报相关的内部控制，以设计恰当的审计程序，但目的并非对内部控制的有效性发表意见。审计工作还包括评价管理层选用会计政策的恰当性和作出会计估计的合理性，以及评价财务报表的总体列报。

我们相信，我们获取的审计证据是充分、适当的，为发表保留意见提供了基础。

（三）导致保留意见的事项

如财务报表附注×所述，ABC 基金会资产负债表中存货的列示金额为××元。管理层根据成本对存货进行计量，而没有根据成本与可变现净值孰低的原则计量，这不符合《民间非营利组织会计制度》的规定，如果管理层以成本与可变现净值孰低计量存货，存货列示金额将减少××元。相应地，管理费用将增加××元，净资产将减少××元。

（四）保留意见

我们认为，除“（三）导致保留意见的事项”段所述事项产生的影响外，ABC 基金会财务报表在所有重大方面按照《民间非营利组织会计制度》的规定编制，公允反映了 ABC 基金会 20×2 年 12 月 31 日的财务状况以及 20×2 年度的业务活动成果和现金流量。

二、按照相关法律法规的要求报告的事项

（本部分报告的格式和内容，取决于相关法律法规对其他报告责任的规定）

××会计师事务所　　　　　　　　中国注册会计师：×××
（盖章）　　　　　　　　　　　　（签名并盖章）
　　　　　　　　　　　　　　　　中国注册会计师：×××
　　　　　　　　　　　　　　　　（签名并盖章）

中国·××市　　　　　　　　　　二〇×三年×月×日

（三）否定意见审计报告参考格式

审　计　报　告

[适当的收件人]：

一、对财务报表出具的审计报告

我们审计了后附的 ABC 基金会财务报表，包括 20×2 年 12 月 31 日的资产负债表，20×2 年度的业务活动表和现金流量表以及财务报表附注。

（一）管理层对财务报表的责任

编制和公允列报财务报表是 ABC 基金会管理层的责任，这种责任包括：（1）按照

《民间非营利组织会计制度》的规定编制财务报表，并使其实现公允反映；（2）设计、执行和维护必要的内部控制，以使财务报表不存在由于舞弊或错误导致的重大错报。

（二）注册会计师的责任

我们的责任是在执行审计工作的基础上对财务报表发表审计意见。我们按照中国注册会计师审计准则和《基金会财务报表审计指引》的规定执行了审计工作。中国注册会计师审计准则要求我们遵守中国注册会计师职业道德守则，计划和执行审计工作以对财务报表是否不存在重大错报获取合理保证。

审计工作涉及实施审计程序，以获取有关财务报表金额和披露的审计证据。选择的审计程序取决于注册会计师的判断，包括对由于舞弊或错误导致的财务报表重大错报风险的评估。在进行风险评估时，注册会计师考虑与财务报表编制和公允列报相关的内部控制，以设计恰当的审计程序，但目的并非对内部控制的有效性发表意见。审计工作还包括评价管理层选用会计政策的恰当性和作出会计估计的合理性，以及评价财务报表的总体列报。

我们相信，我们获取的审计证据是充分、适当的，为发表否定意见提供了基础。

（三）导致否定意见的事项

如财务报表附注×所述，ABC基金会20×2年财务报表基于收付实现制编制。这不符合《民间非营利组织会计制度》的规定。如果ABC基金会财务报表采用权责发生制编制，其多个报表项目将受到重大影响。但我们无法确定ABC基金会采用收付实现制对财务报表产生的影响。

（四）否定意见

我们认为，由于“（三）导致否定意见的事项”段所述事项的重要性，ABC基金会财务报表没有在所有重大方面按照《民间非营利组织会计制度》的规定编制，未能公允反映ABC基金会20×2年12月31日的财务状况以及20×2年度的业务活动成果和现金流量。

二、按照相关法律法规的要求报告的事项

（本部分报告的格式和内容，取决于相关法律法规对其他报告责任的规定）

××会计师事务所 （盖章）	中国注册会计师：××× （签名并盖章）
	中国注册会计师：××× （签名并盖章）
中国·××市	二○×三年×月×日

（四）无法表示意见审计报告参考格式

审　计　报　告

［适当的收件人］：

一、对财务报表出具的审计报告

我们接受委托，审计后附的ABC基金会财务报表，包括20×2年12月31日的资产负债表，20×2年度的业务活动表和现金流量表以及财务报表附注。

（一）管理层对财务报表的责任

编制和公允列报财务报表是ABC基金会管理层的责任，这种责任包括：（1）按照《民间非营利组织会计制度》的规定编制财务报表，并使其实现公允反映；（2）设计、执行和维护必要的内部控制，以使财务报表不存在由于舞弊或错误导致的重大错报。

（二）注册会计师的责任

我们的责任是在按照中国注册会计师审计准则和《基金会财务报表审计指引》的规定执行审计工作的基础上对财务报表发表审计意见。但由于“（三）导致无法表示意见的事项”段中所述的事项，我们无法获取充分、适当的审计证据以为发表审计意见提供基础。

（三）导致无法表示意见的事项

ABC基金会于20×2年9月采用新的财务电算化系统，由于存在系统缺陷导致收入、费用科目出现大量错误。截至审计报告日，管理层仍在纠正系统缺陷并更正错误，我们也无法实施替代审计程序，以对截至20×2年12月31日的收入总额××元、费用总额××元获取充分、适当的审计证据。因此，我们无法确定是否有必要对收入、费用以及财务报表其他项目作出调整，也无法确定应调整的金额。

（四）无法表示意见

由于“（三）导致无法表示意见的事项”段所述事项的重要性，我们无法获取充分、适当的审计证据以为发表审计意见提供基础，因此，我们不对ABC基金会财务报表发表审计意见。

二、按照相关法律法规的要求报告的事项

（本部分报告的格式和内容，取决于相关法律法规对其他报告责任的规定）

××会计师事务所　　　　　　　　　　　　　中国注册会计师：×××
（盖章）　　　　　　　　　　　　　　　　　（签名并盖章）
　　　　　　　　　　　　　　　　　　　　　中国注册会计师：×××
　　　　　　　　　　　　　　　　　　　　　（签名并盖章）
中国·××市　　　　　　　　　　　　　　　二〇×三年×月×日

（五）带强调事项段的无保留意见审计报告参考格式

审 计 报 告

[适当的收件人]：

一、对财务报表出具的审计报告

我们接受委托，审计后附的ABC基金会财务报表，包括20×2年12月31日的资产负债表，20×2年度的业务活动表和现金流量表以及财务报表附注。

（一）管理层对财务报表的责任

编制和公允列报财务报表是ABC基金会管理层的责任，这种责任包括：(1) 按照《民间非营利组织会计制度》的规定编制财务报表，并使其实现公允反映；(2) 设计、执行和维护必要的内部控制，以使财务报表不存在由于舞弊或错误导致的重大错报。

（二）注册会计师的责任

我们的责任是在执行审计工作的基础上对财务报表发表审计意见。我们按照中国注册会计师审计准则和《基金会财务报表审计指引》的规定执行了审计工作。中国注册会计师审计准则要求我们遵守中国注册会计师职业道德守则，计划和执行审计工作以对财务报表是否不存在重大错报获取合理保证。

审计工作涉及实施审计程序，以获取有关财务报表金额和披露的审计证据。选择的审计程序取决于注册会计师的判断，包括对由于舞弊或错误导致的财务报表重大错报风险的评估。在进行风险评估时，注册会计师考虑与财务报表编制和公允列报相关的内部控制，以设计恰当的审计程序，但目的并非对内部控制的有效性发表意见。审计工作还包括评价管理层选用会计政策的恰当性和作出会计估计的合理性，以及评价财务报表的总体列报。

我们相信，我们获取的审计证据是充分、适当的，为发表审计意见提供了基础。

（三）审计意见

我们认为，ABC 基金会财务报表在所有重大方面按照《民间非营利组织会计制度》的规定编制，公允反映了 ABC 基金会 20×2 年 12 月 31 日的财务状况以及 20×2 年度的业务活动成果和现金流量。

（四）强调事项

我们提醒财务报表使用者关注，如财务报表附注×所述，截至财务报表批准日，自然人×××、×××、×××对 ABC 基金会提出的诉讼尚在审理中，其结果具有不确定性。本段内容不影响已发表的审计意见。

二、按照相关法律法规的要求报告的事项

（本部分报告的格式和内容，取决于相关法律法规对其他报告责任的规定）

××会计师事务所　　　　　　　　中国注册会计师：×××
（盖章）　　　　　　　　　　　　（签名并盖章）
　　　　　　　　　　　　　　　　中国注册会计师：×××
　　　　　　　　　　　　　　　　（签名并盖章）

中国·××市　　　　　　　　　　二〇×三年×月×日

附录四：专项信息审核报告参考格式

专项信息审核报告

[适当的收件人]：

我们接受委托，按照中国注册会计师审计准则和《基金会财务报表审计指引》审计了ABC基金会的20×2年度财务报表，包括20×2年12月31日资产负债表，20×2年度的业务活动表和现金流量表以及财务报表附注，并于20×3年×月×日出具了［意见类型］的审计报告，报告文号为××。

按照《基金会管理条例》及相关规定，ABC基金会管理层编制了其20×2年度工作报告。ABC基金会在20×2年度工作报告中载明了如下信息（以下简称专项信息）：

1. 在“三（三）公益支出情况”中，载明了当年公益事业支出占上年度总收入的比例（或占上年末基金余额的比例）、工作人员工资福利和行政办公支出占总支出的比例；

2. 在“三（四）大额捐赠收入情况”中，载明了当年累计捐赠超过基金会当年捐赠收入5%以上的捐赠单位或个人以及捐赠用途；

3. 在“三（六）重大公益项目收支明细表”中，载明了基金会当年开展的重大公益项目的名称、收入、支出明细；

4. 在“三（七）重大公益项目大额支付对象”中，载明了基金会当年开展的重大公益项目的名称、大额支付对象、支付金额、占公益总支出的比例以及用途；

5. 在“三（八）委托理财”中，载明了基金会当年开展的所有委托理财活动的详细情况；

6. 在“三（九）投资收益”中，载明了基金会当年所有产生投资收益的来源及金额；

7. 在“三（十）关联方关系及其交易的说明”中，载明了基金会当年的所有重要关联方、关联交易以及关联方往来的明细。

按照《基金会管理条例》及相关规定真实、完整地编制上述专项信息是ABC基金会管理层的责任，我们的责任是在执行审核工作的基础上对这些专项信息是否在所有重大方面按照有关规定编制提出审核结论。

在对ABC基金会20×2年度财务报表执行审计的基础上，针对上述专项信息，我们按照《中国注册会计师其他鉴证业务准则第3101号——历史财务信息审计或审阅以外的鉴证业务》实施了询问、检查记录和文件、重新计算以及与我们审计ABC基金会20×2年度财务报表时ABC基金会提供的会计资料和经审计财务报表的相关内容进行核对等我们认为必要的程序。我们相信，我们的审核工作为提出审核结论提供了合理的基础。

我们认为，上述专项信息在所有重大方面按照《基金会管理条例》及相关规定编制。

本报告仅供 ABC 基金会向民政部门报送年度报告时使用，不得用于其他用途。

××会计师事务所　　　　　　　　　　中国注册会计师：×××
（盖章）　　　　　　　　　　　　　（签名并盖章）
　　　　　　　　　　　　　　　　　中国注册会计师：×××
　　　　　　　　　　　　　　　　　（签名并盖章）
中国·××市　　　　　　　　　　　二〇×三年×月×日

第二部分

相　关　文　件

关于加强和完善基金会注册会计师审计制度的通知

财会［2011］23号

各省、自治区、直辖市财政厅（局）、民政厅（局），深圳市财政委员会，新疆生产建设兵团民政局：

为了规范基金会的行为，提高基金会的财务管理和会计工作水平，扩大基金会的公开、透明程度，加强政府部门对基金会的监管，充分发挥注册会计师审计监督作用，维护基金会、捐赠人和受益人的合法权益，根据《基金会管理条例》（国务院令第400号）、《国务院办公厅转发财政部关于加快发展我国注册会计师行业若干意见的通知》（国办发［2009］56号）和《民间非营利组织会计制度》（财会［2004］7号）等法规文件的相关要求，财政部和民政部决定加大基金会注册会计师审计制度的实施力度，现就有关事项通知如下：

一、审计的类别与形式

基金会应当聘用会计师事务所对本单位的财务会计报告及相关信息进行审计，并依法披露财务会计报告和审计报告，接受社会公众的监督。登记管理机关为履行监管职责，也可以直接委托会计师事务所对基金会进行审计。

（一）年度审计。

基金会应当于每年3月31日前向登记管理机关报送上一年度经注册会计师审计的年度财务会计报告和会计师事务所出具的审计报告，接受年度检查；同时将年度财务会计报告在登记管理机关指定的统一信息公开平台上公布，接受社会公众的查询和监督。

基金会年度财务会计报告可以单独予以披露，也可以包含在年度工作报告中一并披露。基金会在依照相关法律法规申请公益性捐赠税前扣除资格、非营利组织免税资格以及办理免税手续时，应当按照有关文件的规定，将年度财务会计报告和审计报告等相关资料分别报送登记管理机关和与其同级的财政、税务部门。

（二）离任和换届审计。

1. 基金会在法定代表人变更时，应当向登记管理机关报送注册会计师出具的对法定代表人任职期间经济责任的履行情况作出审计评价并提出审计建议的审计报告，并按照登记管理机关的要求向社会公布。

2. 基金会在理事会换届时，应当向登记管理机关报送注册会计师出具的对理事会任期内财务收支真实、合法和效益等情况作出审计评价并提出审计建议的审计报告，并按照登记管理机关的要求向社会公布。

（三）专项审计。

基金会开展以下活动的，应当实施专项审计，在活动结束后向登记管理机关报送经注册会计师审计的专项审计报告，并按照登记管理机关的要求向社会公布。

1. 符合以下条件之一的重大公益项目：

（1）当年该项目的捐赠收入占基金会当年捐赠总收入的1/5以上且金额超过人民币50万元的；

（2）当年该项目的支出占基金会当年总支出的1/5以上且金额超过人民币50万元的；

（3）持续时间超过3年的。

2. 因参与处理自然灾害等突发事件需要开展的募捐活动。

3. 登记管理机关要求进行专项审计的其他活动。

二、审计经费来源和支付方式

基金会审计经费由下列一项或多项来源构成：

（一）基金会自行承担。

基金会应当根据《基金会管理条例》及其他有关要求，自行承担审计费用。

（二）财政资金。

按照基金会管理权限，中央财政和地方财政安排一定的资金，由登记管理机关在以下三种情形下使用：

1. 基金会确因资金困难无法承担审计费用的，可以向登记管理机关提出资助申请，登记管理机关视困难程度给予全额或一定比例的资助。相关申请和管理办法由登记管理机关商同级财政部门另行制定。

2. 对于内部治理结构完善、财务管理透明、公益项目运作规范、评估等级较高且同时具备公益性捐赠税前扣除资格和非营利组织免税资格的基金会，登记管理机关可以奖励形式全额或部分承担审计费用。

3. 登记管理机关为履行监管职责直接委托会计师事务所对基金会进行的审计，审计费用由登记管理机关承担。

登记管理机关应当按照国库集中支付管理制度和合同约定，将审计费用支付给受托会计师事务所。

（三）会计师事务所公益审计。

财政部门和民政部门鼓励会计师事务所为部分确有困难的基金会提供公益审计服务。会计师事务所提供公益审计服务，是履行社会责任的一种重要形式，中国注册会计师协会和地方注册会计师协会在具体开展全国及各省（自治区、直辖市）会计师事务所年度综合评价排名时应当予以考虑。

三、会计师事务所选聘范围和方式

（一）选聘范围。

对在民政部登记的基金会实施审计的会计师事务所，应当进入中国注册会计师协会公布的上一年度全国会计师事务所综合评价前100名；或具备三年以上（含三年）从事基金会或其他非营利组织审计工作经验，且注册会计师人数在15人以上，上一年度审计业务收入在600万元以上。

对在省级及以下民政部门登记的基金会实施审计的会计师事务所，应当进入全国会计师事务所综合评价前100名；或具备三年以上（含三年）从事基金会或其他非营利组织审计工作经验，且注册会计师人数在10人以上，上一年度审计业务收入在300万元以上。

（二）选聘方式。

基金会及其登记管理机关可以从上述范围内自行选聘会计师事务所；其中，使用财政资金聘请会计师事务所的，应当按照政府采购制度有关规定选聘会计师事务所。

四、相关要求

加强审计工作，强化社会监督，既是提高基金会公信力的有效举措，也是登记管理机关和其他有关部门依法监管的重要手段。

（一）各级财政部门和民政部门要高度重视这项工作，为会计师事务所依法依规做好审计工作提供保障，加强对会计师事务所和基金会的业务培训，加大检查力度，确保本通知的有关规定落到实处。

（二）各基金会应当深刻领会加强和完善审计制度的重要意义，积极配合注册会计师的审计工作，及时提供审计所需资料，并对所提供资料的真实性、合法性负责。基金会应当以此为契机，加强项目管理、收支管理和成本核算，不断提高财务管理和会计工作水平。

（三）参与基金会审计的会计师事务所应当按照法律法规和委托方要求，组织具有胜任能力的审计人员开展工作，严格遵守审计准则和职业道德的规定，认真完成各项审计工作，对审计报告的真实性和合法性负责。

（四）本通知自2012年1月1日起施行。考虑到基金会审计工作的连续性，如确有必要，基金会在参加2011年年度检查工作时可以继续聘请原会计师事务所开展审计工作。但在2012年年检工作启动时，必须根据本通知的要求聘请符合规定的会计师事务所开展审计工作。

（五）本通知适用于在民政部门登记注册的基金会、境外基金会代表机构和其他具有公益性捐赠税前扣除资格的公益性社会团体。

财政部 民政部

二〇一一年十二月二十六日

基金会管理条例

（2004年2月11日国务院第39次常务会议通过　2004年3月8日国务院令第400号公布　自2004年6月1日起施行）

第一章　总　　则

第一条　为了规范基金会的组织和活动，维护基金会、捐赠人和受益人的合法权益，促进社会力量参与公益事业，制定本条例。

第二条　本条例所称基金会，是指利用自然人、法人或者其他组织捐赠的财产，以从事公益事业为目的，按照本条例的规定成立的非营利性法人。

第三条　基金会分为面向公众募捐的基金会（以下简称公募基金会）和不得面向公众募捐的基金会（以下简称非公募基金会）。公募基金会按照募捐的地域范围，分为全国性公募基金会和地方性公募基金会。

第四条　基金会必须遵守宪法、法律、法规、规章和国家政策，不得危害国家安全、统一和民族团结，不得违背社会公德。

第五条　基金会依照章程从事公益活动，应当遵循公开、透明的原则。

第六条　国务院民政部门和省、自治区、直辖市人民政府民政部门是基金会的登记管理机关。

国务院民政部门负责下列基金会、基金会代表机构的登记管理工作：

（一）全国性公募基金会；

（二）拟由非内地居民担任法定代表人的基金会；

（三）原始基金超过2000万元，发起人向国务院民政部门提出设立申请的非公募基金会；

（四）境外基金会在中国内地设立的代表机构。

省、自治区、直辖市人民政府民政部门负责本行政区域内地方性公募基金会和不属于前款规定情况的非公募基金会的登记管理工作。

第七条　国务院有关部门或者国务院授权的组织，是国务院民政部门登记的基金会、境外基金会代表机构的业务主管单位。

省、自治区、直辖市人民政府有关部门或者省、自治区、直辖市人民政府授权的组织，是省、自治区、直辖市人民政府民政部门登记的基金会的业务主管单位。

第二章 设立、变更和注销

第八条 设立基金会，应当具备下列条件：

（一）为特定的公益目的而设立；

（二）全国性公募基金会的原始基金不低于800万元人民币，地方性公募基金会的原始基金不低于400万元人民币，非公募基金会的原始基金不低于200万元人民币；原始基金必须为到账货币资金；

（三）有规范的名称、章程、组织机构以及与其开展活动相适应的专职工作人员；

（四）有固定的住所；

（五）能够独立承担民事责任。

第九条 申请设立基金会，申请人应当向登记管理机关提交下列文件：

（一）申请书；

（二）章程草案；

（三）验资证明和住所证明；

（四）理事名单、身份证明以及拟任理事长、副理事长、秘书长简历；

（五）业务主管单位同意设立的文件。

第十条 基金会章程必须明确基金会的公益性质，不得规定使特定自然人、法人或者其他组织受益的内容。

基金会章程应当载明下列事项：

（一）名称及住所；

（二）设立宗旨和公益活动的业务范围；

（三）原始基金数额；

（四）理事会的组成、职权和议事规则，理事的资格、产生程序和任期；

（五）法定代表人的职责；

（六）监事的职责、资格、产生程序和任期；

（七）财务会计报告的编制、审定制度；

（八）财产的管理、使用制度；

（九）基金会的终止条件、程序和终止后财产的处理。

第十一条 登记管理机关应当自收到本条例第九条所列全部有效文件之日起60日内，作出准予或者不予登记的决定。准予登记的，发给《基金会法人登记证书》；不予登记的，应当书面说明理由。

基金会设立登记的事项包括：名称、住所、类型、宗旨、公益活动的业务范围、原始基金数额和法定代表人。

第十二条 基金会拟设立分支机构、代表机构的，应当向原登记管理机关提出登记申请，并提交拟设机构的名称、住所和负责人等情况的文件。

登记管理机关应当自收到前款所列全部有效文件之日起60日内作出准予或者不予登记的决定。准予登记的，发给《基金会分支（代表）机构登记证书》；不予登记的，应当书面说明理由。

基金会分支机构、基金会代表机构设立登记的事项包括：名称、住所、公益活动的业务范围和负责人。

基金会分支机构、基金会代表机构依据基金会的授权开展活动，不具有法人资格。

第十三条　境外基金会在中国内地设立代表机构，应当经有关业务主管单位同意后，向登记管理机关提交下列文件：

（一）申请书；

（二）基金会在境外依法登记成立的证明和基金会章程；

（三）拟设代表机构负责人身份证明及简历；

（四）住所证明；

（五）业务主管单位同意在中国内地设立代表机构的文件。

登记管理机关应当自收到前款所列全部有效文件之日起60日内，作出准予或者不予登记的决定。准予登记的，发给《境外基金会代表机构登记证书》；不予登记的，应当书面说明理由。

境外基金会代表机构设立登记的事项包括：名称、住所、公益活动的业务范围和负责人。

境外基金会代表机构应当从事符合中国公益事业性质的公益活动。境外基金会对其在中国内地代表机构的民事行为，依照中国法律承担民事责任。

第十四条　基金会、境外基金会代表机构依照本条例登记后，应当依法办理税务登记。

基金会、境外基金会代表机构，凭登记证书依法申请组织机构代码、刻制印章、开立银行账户。

基金会、境外基金会代表机构应当将组织机构代码、印章式样、银行账号以及税务登记证件复印件报登记管理机关备案。

第十五条　基金会、基金会分支机构、基金会代表机构和境外基金会代表机构的登记事项需要变更的，应当向登记管理机关申请变更登记。

基金会修改章程，应当征得其业务主管单位的同意，并报登记管理机关核准。

第十六条　基金会、境外基金会代表机构有下列情形之一的，应当向登记管理机关申请注销登记：

（一）按照章程规定终止的；

（二）无法按照章程规定的宗旨继续从事公益活动的；

（三）由于其他原因终止的。

第十七条　基金会撤销其分支机构、代表机构的，应当向登记管理机关办理分支机构、代表机构的注销登记。

基金会注销的，其分支机构、代表机构同时注销。

第十八条 基金会在办理注销登记前，应当在登记管理机关、业务主管单位的指导下成立清算组织，完成清算工作。

基金会应当自清算结束之日起15日内向登记管理机关办理注销登记；在清算期间不得开展清算以外的活动。

第十九条 基金会、基金会分支机构、基金会代表机构以及境外基金会代表机构的设立、变更、注销登记，由登记管理机关向社会公告。

第三章 组织机构

第二十条 基金会设理事会，理事为5人至25人，理事任期由章程规定，但每届任期不得超过5年。理事任期届满，连选可以连任。

用私人财产设立的非公募基金会，相互间有近亲属关系的基金会理事，总数不得超过理事总人数的三分之一；其他基金会，具有近亲属关系的不得同时在理事会任职。

在基金会领取报酬的理事不得超过理事总人数的三分之一。

理事会设理事长、副理事长和秘书长，从理事中选举产生，理事长是基金会的法定代表人。

第二十一条 理事会是基金会的决策机构，依法行使章程规定的职权。

理事会每年至少召开2次会议。理事会会议须有三分之二以上理事出席方能召开；理事会决议须经出席理事过半数通过方为有效。

下列重要事项的决议，须经出席理事表决，三分之二以上通过方为有效：

（一）章程的修改；

（二）选举或者罢免理事长、副理事长、秘书长；

（三）章程规定的重大募捐、投资活动；

（四）基金会的分立、合并。

理事会会议应当制作会议记录，并由出席理事审阅、签名。

第二十二条 基金会设监事。监事任期与理事任期相同。理事、理事的近亲属和基金会财会人员不得兼任监事。

监事依照章程规定的程序检查基金会财务和会计资料，监督理事会遵守法律和章程的情况。

监事列席理事会会议，有权向理事会提出质询和建议，并应当向登记管理机关、业务主管单位以及税务、会计主管部门反映情况。

第二十三条 基金会理事长、副理事长和秘书长不得由现职国家工作人员兼任。基金会的法定代表人，不得同时担任其他组织的法定代表人。公募基金会和原始基金来自中国内地的非公募基金会的法定代表人，应当由内地居民担任。

因犯罪被判处管制、拘役或者有期徒刑，刑期执行完毕之日起未逾5年的，因犯罪被判处剥夺政治权利正在执行期间或者曾经被判处剥夺政治权利的，以及曾在因违法被撤销登记的基金会担任理事长、副理事长或者秘书长，且对该基金会的违法行为负有个人责任，自该基金会被撤销之日起未逾5年的，不得担任基金会的理事长、副理事长或者秘书长。

基金会理事遇有个人利益与基金会利益关联时，不得参与相关事宜的决策；基金会理事、监事及其近亲属不得与其所在的基金会有任何交易行为。

监事和未在基金会担任专职工作的理事不得从基金会获取报酬。

第二十四条　担任基金会理事长、副理事长或者秘书长的香港居民、澳门居民、台湾居民、外国人以及境外基金会代表机构的负责人，每年在中国内地居留时间不得少于3个月。

第四章　财产的管理和使用

第二十五条　基金会组织募捐、接受捐赠，应当符合章程规定的宗旨和公益活动的业务范围。境外基金会代表机构不得在中国境内组织募捐、接受捐赠。

公募基金会组织募捐，应当向社会公布募得资金后拟开展的公益活动和资金的详细使用计划。

第二十六条　基金会及其捐赠人、受益人依照法律、行政法规的规定享受税收优惠。

第二十七条　基金会的财产及其他收入受法律保护，任何单位和个人不得私分、侵占、挪用。

基金会应当根据章程规定的宗旨和公益活动的业务范围使用其财产；捐赠协议明确了具体使用方式的捐赠，根据捐赠协议的约定使用。

接受捐赠的物资无法用于符合其宗旨的用途时，基金会可以依法拍卖或者变卖，所得收入用于捐赠目的。

第二十八条　基金会应当按照合法、安全、有效的原则实现基金的保值、增值。

第二十九条　公募基金会每年用于从事章程规定的公益事业支出，不得低于上一年总收入的70%；非公募基金会每年用于从事章程规定的公益事业支出，不得低于上一年基金余额的8%。

基金会工作人员工资福利和行政办公支出不得超过当年总支出的10%。

第三十条　基金会开展公益资助项目，应当向社会公布所开展的公益资助项目种类以及申请、评审程序。

第三十一条　基金会可以与受助人签订协议，约定资助方式、资助数额以及资金用途和使用方式。

基金会有权对资助的使用情况进行监督。受助人未按协议约定使用资助或者有其他违反协议情形的，基金会有权解除资助协议。

第三十二条　基金会应当执行国家统一的会计制度，依法进行会计核算、建立健全内部会计监督制度。

第三十三条　基金会注销后的剩余财产应当按照章程的规定用于公益目的；无法按照章程规定处理的，由登记管理机关组织捐赠给与该基金会性质、宗旨相同的社会公益组织，并向社会公告。

第五章　监督管理

第三十四条　基金会登记管理机关履行下列监督管理职责：

（一）对基金会、境外基金会代表机构实施年度检查；

（二）对基金会、境外基金会代表机构依照本条例及其章程开展活动的情况进行日常监督管理；

（三）对基金会、境外基金会代表机构违反本条例的行为依法进行处罚。

第三十五条　基金会业务主管单位履行下列监督管理职责：

（一）指导、监督基金会、境外基金会代表机构依据法律和章程开展公益活动；

（二）负责基金会、境外基金会代表机构年度检查的初审；

（三）配合登记管理机关、其他执法部门查处基金会、境外基金会代表机构的违法行为。

第三十六条　基金会、境外基金会代表机构应当于每年 3 月 31 日前向登记管理机关报送上一年度工作报告，接受年度检查。年度工作报告在报送登记管理机关前应当经业务主管单位审查同意。

年度工作报告应当包括：财务会计报告、注册会计师审计报告，开展募捐、接受捐赠、提供资助等活动的情况以及人员和机构的变动情况等。

第三十七条　基金会应当接受税务、会计主管部门依法实施的税务监督和会计监督。

基金会在换届和更换法定代表人之前，应当进行财务审计。

第三十八条　基金会、境外基金会代表机构应当在通过登记管理机关的年度检查后，将年度工作报告在登记管理机关指定的媒体上公布，接受社会公众的查询、监督。

第三十九条　捐赠人有权向基金会查询捐赠财产的使用、管理情况，并提出意见和建议。对于捐赠人的查询，基金会应当及时如实答复。

基金会违反捐赠协议使用捐赠财产的，捐赠人有权要求基金会遵守捐赠协议或者向人民法院申请撤销捐赠行为、解除捐赠协议。

第六章　法律责任

第四十条　未经登记或者被撤销登记后以基金会、基金会分支机构、基金会代表机构或者境外基金会代表机构名义开展活动的，由登记管理机关予以取缔，没收非法财产并向社会公告。

第四十一条　基金会、基金会分支机构、基金会代表机构或者境外基金会代表机构有下列情形之一的，登记管理机关应当撤销登记：

（一）在申请登记时弄虚作假骗取登记的，或者自取得登记证书之日起 12 个月内未按章程规定开展活动的；

（二）符合注销条件，不按照本条例的规定办理注销登记仍继续开展活动的。

第四十二条　基金会、基金会分支机构、基金会代表机构或者境外基金会代表机构有下列情形之一的，由登记管理机关给予警告、责令停止活动；情节严重的，可以撤销登记：

（一）未按照章程规定的宗旨和公益活动的业务范围进行活动的；

（二）在填制会计凭证、登记会计账簿、编制财务会计报告中弄虚作假的；

（三）不按照规定办理变更登记的；

（四）未按照本条例的规定完成公益事业支出额度的；

（五）未按照本条例的规定接受年度检查，或者年度检查不合格的；

（六）不履行信息公布义务或者公布虚假信息的。

基金会、境外基金会代表机构有前款所列行为的，登记管理机关应当提请税务机关责令补交违法行为存续期间所享受的税收减免。

第四十三条　基金会理事会违反本条例和章程规定决策不当，致使基金会遭受财产损失的，参与决策的理事应当承担相应的赔偿责任。

基金会理事、监事以及专职工作人员私分、侵占、挪用基金会财产的，应当退还非法占用的财产；构成犯罪的，依法追究刑事责任。

第四十四条　基金会、境外基金会代表机构被责令停止活动的，由登记管理机关封存其登记证书、印章和财务凭证。

第四十五条　登记管理机关、业务主管单位工作人员滥用职权、玩忽职守、徇私舞弊，构成犯罪的，依法追究刑事责任；尚不构成犯罪的，依法给予行政处分或者纪律处分。

第七章　附　　则

第四十六条　本条例所称境外基金会，是指在外国以及中华人民共和国香港特别行政区、澳门特别行政区和台湾地区合法成立的基金会。

第四十七条　基金会设立申请书、基金会年度工作报告的格式以及基金会章程范本，由国务院民政部门制订。

第四十八条　本条例自 2004 年 6 月 1 日起施行，1988 年 9 月 27 日国务院发布的《基金会管理办法》同时废止。

本条例施行前已经设立的基金会、境外基金会代表机构，应当自本条例施行之日起 6 个月内，按照本条例的规定申请换发登记证书。

基金会年度检查办法

（2005 年 12 月 27 日民政部第六次部务会议通过　2006 年 1 月 12 日民政部令第 30 号公布　自公布之日起施行）

第一条　为加强对基金会和境外基金会代表机构的管理，促进公益事业发展，根据《基金会管理条例》（以下简称《条例》）第三十四条第一项、第三十六条的规定，制定本办法。

第二条　基金会年度检查，是指基金会登记管理机关依法按年度对基金会、境外基金会代表机构遵守法律、法规、规章和章程开展活动的情况实施监督管理的制度。

第三条　基金会、境外基金会代表机构应当于每年 3 月 31 日前向登记管理机关报送经业务主管单位审查同意的上一年度的年度工作报告，接受登记管理机关检查。

第四条　年度工作报告的内容应当包括：财务会计报告、注册会计师审计报告，开展募捐、接受捐赠、提供资助等活动的情况以及人员和机构的变动情况等。

财务会计报告应当符合《民间非营利组织会计制度》规定的内容和要求；注册会计师审计报告，应当有注册会计师事务所统一受理并与被审计的基金会、境外基金会代表机构签订委托合同的证明；开展募捐、接受捐赠、提供资助等活动情况应当有基金会履行信息公布义务的情况；人员和机构变动情况应当有按照规定办理变更登记情况以及基金会换届的会议纪要和更换法定代表人之前进行财务审计的情况等。

第五条　年度检查过程中，登记管理机关可以要求基金会、境外基金会代表机构或者有关人员就年度工作报告中涉及的有关问题进行补充说明，必要时可以进行实地检查。

第六条　经登记管理机关审查，基金会、境外基金会代表机构在上一年度遵守法律、法规、规章和章程的情况良好，没有违法违规情形的，认定为年检合格。

第七条　基金会、境外基金会代表机构有下列情形之一的，登记管理机关应当视情节轻重分别作出年检基本合格、年检不合格的结论：

（一）违反《条例》第三十九条第二款规定，不按照捐赠协议使用捐赠财产的；

（二）违反《条例》第四十条规定，擅自设立基金会分支机构、代表机构的；

（三）具有《条例》第四十二条规定的应当给予行政处罚的情形之一的；

（四）违反《条例》第四十三条第二款规定，基金会理事、监事及专职工作人员私分、侵占、挪用基金会财产的；

（五）违反《条例》关于基金会组织机构管理方面有关规定的。

登记管理机关作出基本合格或者不合格年检结论后，应当责令该基金会或者境外基金会代表机构限期整改，并视情况依据《条例》有关规定给予行政处罚。

第八条　年度检查不合格的基金会、境外基金会代表机构在整改期间，登记管理机关不准予变更名称或者业务范围，不准予设立分支机构或者代表机构。登记管理机关应当提请税务机关责令补交违法行为存续期间所享受的税收减免。

第九条　通过年度检查发现基金会、基金会分支机构、基金会代表机构或者境外基金会代表机构有《条例》第四十一条规定的情形之一的，登记管理机关应当依法撤销登记。

第十条　基金会、境外基金会代表机构无正当理由不参加年检的，由登记管理机关责令停止活动，并向社会公告。

第十一条　基金会、境外基金会代表机构连续两年不接受年检的，由登记管理机关依法撤销登记。

第十二条　完成年度检查后，登记管理机关应当向社会公告年度检查结果，并向业务主管单位通报。

基金会、境外基金会代表机构应当在通过登记管理机关的年度检查后，将年度工作报告在登记管理机关指定的媒体上公布，接受社会公众的查询、监督。

第十三条　年度工作报告的格式文本由国务院民政部门制定。

第十四条　本办法自公布之日起施行。

基金会信息公布办法

（2005年12月27日民政部第六次部务会议通过　2006年1月12日民政部令第31号公布　自公布之日起施行）

第一条　为了规范基金会、境外基金会代表机构信息公布活动，保护捐赠人及相关当事人的合法权益，促进公益事业发展，根据《基金会管理条例》（以下简称《条例》）的有关规定，制定本办法。

第二条　本办法所称信息公布，是指基金会、境外基金会代表机构按照《条例》和本办法的规定，将其内部信息和业务活动信息通过媒体向社会公布的活动。

基金会、境外基金会代表机构是信息公布义务人。

第三条　信息公布义务人公布的信息资料应当真实、准确、完整，不得有虚假记载、误导性陈述或者重大遗漏。

信息公布义务人应当保证捐赠人和社会公众能够快捷、方便地查阅或者复制公布的信息资料。

第四条　信息公布义务人应当向社会公布的信息包括：

（一）基金会、境外基金会代表机构的年度工作报告；

（二）公募基金会组织募捐活动的信息；

（三）基金会开展公益资助项目的信息。

基金会、境外基金会代表机构在遵守本办法规定的基础上可以自行决定公布更多的信息。

第五条　信息公布义务人应当在每年3月31日前，向登记管理机关报送上一年度的年度工作报告。登记管理机关审查通过后30日内，信息公布义务人按照统一的格式要求，在登记管理机关指定的媒体上公布年度工作报告的全文和摘要。

信息公布义务人的财务会计报告未经审计不得对外公布。

第六条　公募基金会组织募捐活动，应当公布募得资金后拟开展的公益活动和资金的详细使用计划。在募捐活动持续期间内，应当及时公布募捐活动所取得的收入和用于开展公益活动的成本支出情况。募捐活动结束后，应当公布募捐活动取得的总收入及其使用情况。

第七条　基金会开展公益资助项目，应当公布所开展的公益项目种类以及申请、评审程序。评审结束后，应当公布评审结果并通知申请人。公益资助项目完成后，应当公布有关的资金使用情况。事后对项目进行评估的，应当同时公布评估结果。

第八条　对于公共媒体上出现的对信息公布义务人造成或者可能造成不利影响的消息，信息公布义务人应当公开说明或者澄清。

第九条　除年度工作报告外，信息公布义务人公布信息时，可以选择报刊、广播、电视或者互联网作为公布信息的媒体。

第十条　信息公布所使用的媒体应当能够覆盖信息公布义务人的活动地域。公布的信息内容中应当注明信息公布义务人的基本情况和联系、咨询方式。

第十一条　信息公布义务人应当建立健全信息公布活动的内部管理制度，并指定专人负责处理信息公布活动的有关事务。对于已经公布的信息，应当制作信息公布档案，妥善保管。

第十二条　信息公布义务人公布有关活动或者项目的信息，应当持续至活动结束或者项目完成。

信息一经公布，信息公布义务人不得任意修改，确需修改的，应当严格履行内部管理制度的程序在修改后重新公布，并说明理由，声明原信息作废。

第十三条　信息公布义务人应当将信息公布活动的情况如实反映在年度工作报告中，接受登记管理机关监督检查。

第十四条　登记管理机关依法对信息公布活动进行监督管理，建立信息公布义务人诚信记录。

信息公布义务人不履行信息公布义务或者公布虚假信息的，由登记管理机关责令改正，并依据《条例》第四十二条规定给予行政处罚。

第十五条　年度工作报告的信息公布格式文本，由国务院民政部门制定。

第十六条　本办法自公布之日起施行。

社会组织评估管理办法

（2010 年 12 月 20 日民政部部务会议通过　2010 年 12 月 27 日民政部令第 39 号公布 自 2011 年 3 月 1 日起施行）

第一章　总　　则

第一条　为了规范社会组织评估工作，制定本办法。

第二条　本办法所称社会组织是指经各级人民政府民政部门登记注册的社会团体、基金会、民办非企业单位。

第三条　本办法所称社会组织评估，是指各级人民政府民政部门为依法实施社会组织监督管理职责，促进社会组织健康发展，依照规范的方法和程序，由评估机构根据评估标准，对社会组织进行客观、全面的评估，并作出评估等级结论。

第四条　社会组织评估工作应当坚持分级管理、分类评定、客观公正的原则，实行政府指导、社会参与、独立运作的工作机制。

第五条　各级人民政府民政部门按照登记管理权限，负责本级社会组织评估工作的领导，并对下一级人民政府民政部门社会组织评估工作进行指导。

第二章　评估对象和内容

第六条　申请参加评估的社会组织应当符合下列条件之一：

（一）取得社会团体、基金会或者民办非企业单位登记证书满两个年度，未参加过社会组织评估的；

（二）获得的评估等级满 5 年有效期的。

第七条　社会组织有下列情形之一的，评估机构不予评估：

（一）未参加上年度年度检查；

（二）上年度年度检查不合格或者连续 2 年基本合格；

（三）上年度受到有关政府部门行政处罚或者行政处罚尚未执行完毕；

（四）正在被有关政府部门或者司法机关立案调查；

（五）其他不符合评估条件的。

第八条　对社会组织评估，按照组织类型的不同，实行分类评估。

社会团体、基金会实行综合评估，评估内容包括基础条件、内部治理、工作绩效和社会评价。民办非企业单位实行规范化建设评估，评估内容包括基础条件、内部治理、业务活动和诚信建设、社会评价。

第三章 评估机构和职责

第九条 各级人民政府民政部门设立相应的社会组织评估委员会（以下简称评估委员会）和社会组织评估复核委员会（以下简称复核委员会），并负责对本级评估委员会和复核委员会的组织协调和监督管理。

第十条 评估委员会负责社会组织评估工作，负责制定评估实施方案、组建评估专家组、组织实施评估工作、作出评估等级结论并公示结果。

复核委员会负责社会组织评估的复核和对举报的裁定工作。

第十一条 评估委员会由7至25名委员组成，设主任1名、副主任若干名。复核委员会由5至9名委员组成，设主任1名、副主任1名。

评估委员会和复核委员会委员由有关政府部门、研究机构、社会组织、会计师事务所、律师事务所等单位推荐，民政部门聘任。

评估委员会和复核委员会委员聘任期5年。

第十二条 评估委员会和复核委员会委员应当具备下列条件：

（一）熟悉社会组织管理工作的法律法规和方针政策；

（二）在所从事的领域具有突出业绩和较高声誉；

（三）坚持原则，公正廉洁，忠于职守。

第十三条 评估委员会召开最终评估会议须有2/3以上委员出席。最终评估采取记名投票方式表决，评估结论须经全体委员半数以上通过。

第十四条 评估委员会可以下设办公室或者委托社会机构（以下简称评估办公室），负责评估委员会的日常工作。

第十五条 评估专家组负责对社会组织进行实地考察，并提出初步评估意见。

评估专家组由有关政府部门、研究机构、社会组织、会计师事务所、律师事务所等有关专业人员组成。

第四章 评估程序和方法

第十六条 社会组织评估工作依照下列程序进行：

（一）发布评估通知或者公告；

（二）审核社会组织参加评估资格；

（三）组织实地考察和提出初步评估意见；

（四）审核初步评估意见并确定评估等级；

（五）公示评估结果并向社会组织送达通知书；

（六）受理复核申请和举报；

（七）民政部门确认社会组织评估等级、发布公告，并向获得3A以上评估等级的社会组织颁发证书和牌匾。

第十七条 地方各级人民政府民政部门应当将获得4A以上评估等级的社会组织报上一级民政部门审核备案。省级人民政府民政部门应当在每年12月31日前，将本行政区域社会组织等级评估情况以及获得5A评估等级的社会组织名单上报民政部。

第十八条 评估期间，评估机构和评估专家有权要求参加评估的社会组织提供必要的文件和证明材料。参加评估的社会组织应当予以配合，如实提供有关情况和资料。

第五章 回避与复核

第十九条 评估委员会委员、复核委员会委员和评估专家有下列情形之一的，应当回避：

（一）与参加评估的社会组织有利害关系的；

（二）曾在参加评估的社会组织任职，离职不满2年的；

（三）与参加评估的社会组织有其他可能影响评估结果公正关系的。

参加评估的社会组织向评估办公室提出回避申请，评估办公室应当及时作出是否回避的决定。

第二十条 参加评估的社会组织对评估结果有异议的，可以在公示期内向评估办公室提出书面复核申请。

第二十一条 评估办公室对社会组织的复核申请和原始证明材料审核认定后，报复核委员会进行复核。

第二十二条 复核委员会应当充分听取评估专家代表的初步评估情况介绍和申请复核社会组织的陈述，确认复核材料，并以记名投票方式表决，复核结果须经全体委员半数以上通过。

第二十三条 复核委员会的复核决定，应当于作出决定之日起15日内，以书面形式通知申请复核的社会组织。

第二十四条 评估办公室受理举报后，应当认真核实，对情况属实的作出处理意见，报复核委员会裁定。裁定结果应当及时告知举报人，并通知有关社会组织。

第二十五条 评估委员会委员、复核委员会委员和评估专家应当实事求是、客观公正，遵守评估工作纪律。

第六章 评估等级管理

第二十六条 社会组织评估结果分为5个等级，由高至低依次为5A级（AAAAA）、

4A 级（AAAA）、3A 级（AAA）、2A 级（AA）、1A 级（A）。

第二十七条　获得评估等级的社会组织在开展对外活动和宣传时，可以将评估等级证书作为信誉证明出示。评估等级牌匾应当悬挂在服务场所或者办公场所的明显位置，自觉接受社会监督。

第二十八条　社会组织评估等级有效期为 5 年。

获得 3A 以上评估等级的社会组织，可以优先接受政府职能转移，可以优先获得政府购买服务，可以优先获得政府奖励。

获得 3A 以上评估等级的基金会、慈善组织等公益性社会团体可以按照规定申请公益性捐赠税前扣除资格。

获得 4A 以上评估等级的社会组织在年度检查时，可以简化年度检查程序。

第二十九条　评估等级有效期满前 2 年，社会组织可以申请重新评估。

符合参加评估条件未申请参加评估或者评估等级有效期满后未再申请参加评估的社会组织，视为无评估等级。

第三十条　获得评估等级的社会组织有下列情形之一的，由民政部门作出降低评估等级的处理，情节严重的，作出取消评估等级的处理：

（一）评估中提供虚假情况和资料，或者与评估人员串通作弊，致使评估情况失实的；

（二）涂改、伪造、出租、出借评估等级证书，或者伪造、出租、出借评估等级牌匾的；

（三）连续 2 年年度检查基本合格的；

（四）上年度年度检查不合格或者上年度未参加年度检查的；

（五）受相关政府部门警告、罚款、没收非法所得、限期停止活动等行政处罚的；

（六）其他违反法律法规规定情形的。

第三十一条　被降低评估等级的社会组织在 2 年内不得提出评估申请，被取消评估等级的社会组织在 3 年内不得提出评估申请。

第三十二条　民政部门应当以书面形式将降低或者取消评估等级的决定，通知被处理的社会组织及其业务主管单位和政府相关部门，并向社会公告。

第三十三条　被取消评估等级的社会组织须在收到通知书之日起 15 日内将原评估等级证书、牌匾退回民政部门；被降低评估等级的社会组织须在收到通知书之日起 15 日内将评估等级证书、牌匾退回民政部门，换发相应的评估等级证书、牌匾。拒不退回（换）的，由民政部门公告作废。

第三十四条　评估委员会委员、复核委员会委员和评估专家在评估工作中未履行职责或者弄虚作假、徇私舞弊的，取消其委员或者专家资格。

第七章　附　　则

第三十五条　社会组织评估经费从民政部门社会组织管理工作经费中列支。不得向评估对象收取评估费用。

第三十六条 社会组织评估标准和内容、评估等级证书牌匾式样由民政部统一制定。

第三十七条 本办法自2011年3月1日起施行。

中华人民共和国公益事业捐赠法

（1999年6月28日第九届全国人民代表大会常务委员会第十次会议通过　1999年6月28日中华人民共和国主席令第十九号公布　自1999年9月1日起施行）

第一章　总　　则

第一条　为了鼓励捐赠，规范捐赠和受赠行为，保护捐赠人、受赠人和受益人的合法权益，促进公益事业的发展，制定本法。

第二条　自然人、法人或者其他组织自愿无偿向依法成立的公益性社会团体和公益性非营利的事业单位捐赠财产，用于公益事业的，适用本法。

第三条　本法所称公益事业是指非营利的下列事项：

（一）救助灾害、救济贫困、扶助残疾人等困难的社会群体和个人的活动；

（二）教育、科学、文化、卫生、体育事业；

（三）环境保护、社会公共设施建设；

（四）促进社会发展和进步的其他社会公共和福利事业。

第四条　捐赠应当是自愿和无偿的，禁止强行摊派或者变相摊派，不得以捐赠为名从事营利活动。

第五条　捐赠财产的使用应当尊重捐赠人的意愿，符合公益目的，不得将捐赠财产挪作他用。

第六条　捐赠应当遵守法律、法规，不得违背社会公德，不得损害公共利益和其他公民的合法权益。

第七条　公益性社会团体受赠的财产及其增值为社会公共财产，受国家法律保护，任何单位和个人不得侵占、挪用和损毁。

第八条　国家鼓励公益事业的发展，对公益性社会团体和公益性非营利的事业单位给予扶持和优待。

国家鼓励自然人、法人或者其他组织对公益事业进行捐赠。

对公益事业捐赠有突出贡献的自然人、法人或者其他组织，由人民政府或者有关部门予以表彰。对捐赠人进行公开表彰，应当事先征求捐赠人的意见。

第二章　捐赠和受赠

第九条　自然人、法人或者其他组织可以选择符合其捐赠意愿的公益性社会团体和公益性非营利的事业单位进行捐赠。捐赠的财产应当是其有权处分的合法财产。

第十条 公益性社会团体和公益性非营利的事业单位可以依照本法接受捐赠。

本法所称公益性社会团体是指依法成立的，以发展公益事业为宗旨的基金会、慈善组织等社会团体。

本法所称公益性非营利的事业单位是指依法成立的，从事公益事业的不以营利为目的的教育机构、科学研究机构、医疗卫生机构、社会公共文化机构、社会公共体育机构和社会福利机构等。

第十一条 在发生自然灾害时或者境外捐赠人要求县级以上人民政府及其部门作为受赠人时，县级以上人民政府及其部门可以接受捐赠，并依照本法的有关规定对捐赠财产进行管理。

县级以上人民政府及其部门可以将受赠财产转交公益性社会团体或者公益性非营利的事业单位；也可以按照捐赠人的意愿分发或者兴办公益事业，但是不得以本机关为受益对象。

第十二条 捐赠人可以与受赠人就捐赠财产的种类、质量、数量和用途等内容订立捐赠协议。捐赠人有权决定捐赠的数量、用途和方式。

捐赠人应当依法履行捐赠协议，按照捐赠协议约定的期限和方式将捐赠财产转移给受赠人。

第十三条 捐赠人捐赠财产兴建公益事业工程项目，应当与受赠人订立捐赠协议，对工程项目的资金、建设、管理和使用作出约定。

捐赠的公益事业工程项目由受赠单位按照国家有关规定办理项目审批手续，并组织施工或者由受赠人和捐赠人共同组织施工。工程质量应当符合国家质量标准。

捐赠的公益事业工程项目竣工后，受赠单位应当将工程建设、建设资金的使用和工程质量验收情况向捐赠人通报。

第十四条 捐赠人对于捐赠的公益事业工程项目可以留名纪念；捐赠人单独捐赠的工程项目或者主要由捐赠人出资兴建的工程项目，可以由捐赠人提出工程项目的名称，报县级以上人民政府批准。

第十五条 境外捐赠人捐赠的财产，由受赠人按照国家有关规定办理入境手续；捐赠实行许可证管理的物品，由受赠人按照国家有关规定办理许可证申领手续，海关凭许可证验放、监管。

华侨向境内捐赠的，县级以上人民政府侨务部门可以协助办理有关入境手续，为捐赠人实施捐赠项目提供帮助。

第三章 捐赠财产的使用和管理

第十六条 受赠人接受捐赠后，应当向捐赠人出具合法、有效的收据，将受赠财产登记造册，妥善保管。

第十七条 公益性社会团体应当将受赠财产用于资助符合其宗旨的活动和事业。对于接受的救助灾害的捐赠财产，应当及时用于救助活动。基金会每年用于资助公益事业的资金数额，不得低于国家规定的比例。

公益性社会团体应当严格遵守国家的有关规定，按照合法、安全、有效的原则，积极实现捐赠财产的保值增值。

公益性非营利的事业单位应当将受赠财产用于发展本单位的公益事业，不得挪作他用。对于不易储存、运输和超过实际需要的受赠财产，受赠人可以变卖，所取得的全部收入，应当用于捐赠目的。

第十八条　受赠人与捐赠人订立了捐赠协议的，应当按照协议约定的用途使用捐赠财产，不得擅自改变捐赠财产的用途。如果确需改变用途的，应当征得捐赠人的同意。

第十九条　受赠人应当依照国家有关规定，建立健全财务会计制度和受赠财产的使用制度，加强对受赠财产的管理。

第二十条　受赠人每年度应当向政府有关部门报告受赠财产的使用、管理情况，接受监督。必要时，政府有关部门可以对其财务进行审计。

海关对减免关税的捐赠物品依法实施监督和管理。

县级以上人民政府侨务部门可以参与对华侨向境内捐赠财产使用与管理的监督。

第二十一条　捐赠人有权向受赠人查询捐赠财产的使用、管理情况，并提出意见和建议。对于捐赠人的查询，受赠人应当如实答复。

第二十二条　受赠人应当公开接受捐赠的情况和受赠财产的使用、管理情况，接受社会监督。

第二十三条　公益性社会团体应当厉行节约，降低管理成本，工作人员的工资和办公费用从利息等收入中按照国家规定的标准开支。

第四章　优惠措施

第二十四条　公司和其他企业依照本法的规定捐赠财产用于公益事业，依照法律、行政法规的规定享受企业所得税方面的优惠。

第二十五条　自然人和个体工商户依照本法的规定捐赠财产用于公益事业，依照法律、行政法规的规定享受个人所得税方面的优惠。

第二十六条　境外向公益性社会团体和公益性非营利的事业单位捐赠的用于公益事业的物资，依照法律、行政法规的规定减征或者免征进口关税和进口环节的增值税。

第二十七条　对于捐赠的工程项目，当地人民政府应当给予支持和优惠。

第五章　法律责任

第二十八条　受赠人未征得捐赠人的许可，擅自改变捐赠财产的性质、用途的，由县级以上人民政府有关部门责令改正，给予警告。拒不改正的，经征求捐赠人的意见，由县级以上人民政府将捐赠财产交由与其宗旨相同或者相似的公益性社会团体或者公益性非营利的事业单位管理。

第二十九条 挪用、侵占或者贪污捐赠款物的，由县级以上人民政府有关部门责令退还所用、所得款物，并处以罚款；对直接责任人员，由所在单位依照有关规定予以处理；构成犯罪的，依法追究刑事责任。

依照前款追回、追缴的捐赠款物，应当用于原捐赠目的和用途。

第三十条 在捐赠活动中，有下列行为之一的，依照法律、法规的有关规定予以处罚；构成犯罪的，依法追究刑事责任：

（一）逃汇、骗购外汇的；

（二）偷税、逃税的；

（三）进行走私活动的；

（四）未经海关许可并且未补缴应缴税额，擅自将减税、免税进口的捐赠物资在境内销售、转让或者移作他用的。

第三十一条 受赠单位的工作人员，滥用职权，玩忽职守，徇私舞弊，致使捐赠财产造成重大损失的，由所在单位依照有关规定予以处理；构成犯罪的，依法追究刑事责任。

第六章　附　　则

第三十二条 本法自1999年9月1日起施行。

民政部关于印发《关于规范基金会行为的若干规定（试行）》的通知

民发［2012］124号

各省、自治区、直辖市民政厅（局），各计划单列市民政局，新疆生产建设兵团民政局：

根据《中华人民共和国公益事业捐赠法》、《基金会管理条例》、《基金会信息公布办法》等有关法规和政策规定，我部制定了《关于规范基金会行为的若干规定（试行）》，现印发给你们，请遵照执行。

各级登记管理机关要切实履行监督管理职责，在日常监督、年度检查和评估工作中，对基金会加强指导与检查。对于违反有关法规和政策规定的基金会，登记管理机关应当视情节轻重依法给予基本合格或不合格的年检结论，有评估等级的可以降低评估等级；情节严重的，应当依法给予行政处罚。

附件：关于规范基金会行为的若干规定（试行）

二〇一二年七月十日

附件：

关于规范基金会行为的若干规定（试行）

为确保基金会恪守公益宗旨，规范开展活动，扩大公开透明，维护捐赠人、受益人和基金会的合法权益，进一步促进基金会健康发展，现对基金会行为规范中的若干问题作出如下规定：

一、基金会接受和使用公益捐赠

（一）基金会接受捐赠，应当与捐赠人明确权利义务，并根据捐赠人的要求与其订立书面捐赠协议。

基金会接受捐赠应当确保公益性。附加对捐赠人构成利益回报条件的赠与和不符合公益性目的的赠与，不应确认为公益捐赠，不得开具捐赠票据。

（二）基金会应当在实际收到捐赠后据实开具捐赠票据。捐赠人不需要捐赠票据的，或者匿名捐赠的，也应当开具捐赠票据，由基金会留存备查。

基金会接受非现金捐赠，应当在实际收到后确认收入并开具捐赠票据。受赠财产未经基金会验收确认，由捐赠人直接转移给受助人或者其他第三方的，不得作为基金会的捐赠收入，不得开具捐赠票据。

（三）基金会接受非现金捐赠，应当按照以下方法确定入账价值：

1. 捐赠人提供了发票、报关单等凭据的，应当以相关凭据作为确认入账价值的依据；捐赠方不能提供凭据的，应当以其他确认捐赠财产的证明，作为确认入账价值的依据；

2. 捐赠人提供的凭据或其他能够确认受赠资产价值的证明上标明的金额与受赠资产公允价值相差较大的，应当以其公允价值作为入账价值。

捐赠人捐赠固定资产、股权、无形资产、文物文化资产，应当以具有合法资质的第三方机构的评估作为确认入账价值的依据。无法评估或经评估无法确认价格的，基金会不得计入捐赠收入，不得开具捐赠票据，应当另外造册登记。

（四）基金会接受食品、药品、医疗器械等捐赠物品时，应当确保物品在到达最终受益人时仍处于保质期内且具有使用价值。

（五）基金会接受企业捐赠本企业生产的产品，应当要求企业提供产品质量认证证明或者产品合格证，以及受赠物品的品名、规格、种类、数量等相关资料。

（六）基金会应当将接受的捐赠财产用于资助符合其宗旨和业务范围的活动和事

业。对于指定用于救助自然灾害等突发事件的受赠财产，用于应急的应当在应急期结束前使用完毕；用于灾后重建的应当在重建期结束前使用完毕。

对确因特殊原因无法使用完毕的受赠财产，基金会可在取得捐赠人同意或在公开媒体上公示后，将受赠财产用于与原公益目的相近似的目的。

（七）基金会与捐赠人订立了捐赠协议的，应当按照协议约定使用受赠财产。如需改变用途，应当征得捐赠人同意且仍需用于公益事业；确实无法征求捐赠人意见的，应当按照基金会的宗旨用于与原公益目的相近似的目的。

（八）捐赠协议和募捐公告中约定可以从公益捐赠中列支工作人员工资福利和行政办公支出的，按照约定列支；没有约定的，不得从公益捐赠中列支。同时，基金会工作人员工资福利和行政办公支出应当符合《基金会管理条例》的要求，累计不得超过当年总支出的10％。

工作人员工资福利包括：

1. 全体工作人员的工资、福利费、住房公积金、社会保险（障）费（含离退休人员）；

2. 担任专职工作理事的津贴、补助和理事会运行费用。

行政办公支出包括：组织日常运作的办公费、水电费、邮电费、物业管理费、会议费、广告费、市内交通费、差旅费、折旧费、修理费、租赁费、无形资产摊销费、资产盘亏损失、资产减值损失、因预计负债所产生的损失、审计费、以及聘请中介机构费和应偿还的受赠资产等。

（九）基金会用于公益事业的支出包括直接用于受助人的款物和为开展公益项目发生的直接运行费用。

项目直接运行费用包括：

1. 支付给项目人员的报酬，包括：工资福利、劳务费、专家费等；

2. 为立项、执行、监督和评估公益项目发生的费用，包括：差旅费、交通费、通讯费、会议费、购买服务费等；

3. 为宣传、推广公益项目发生的费用，包括：广告费、购买服务费等；

4. 因项目需要租赁房屋、购买和维护固定资产的费用，包括：所发生的租赁费、折旧费、修理费、办公费、水电费、邮电费、物业管理费等；

5. 为开展项目需要支付的其他费用。

捐赠协议和募捐公告中约定可以从公益捐赠中列支项目直接运行费用的，按照约定列支；没有约定的，不得超出本基金会规定的标准支出。

（十）基金会应当对公益捐赠的使用情况进行全过程监督，确保受赠款物及时足额拨付和使用。

（十一）基金会选定公益项目执行方、受益人，应当遵循公开、公正、公平和诚实信用的原则，保护社会公共利益和与项目有关的当事人的合法权益。

基金会不得资助以营利为目的开展的活动。

二、基金会的交易、合作及保值增值

（一）基金会应当严格区分交换交易收入和捐赠收入。通过出售物资、提供服务、授权使用或转让资产包括无形资产等交换交易取得的收入，应当记入商品销售收入、提供服务收入等相关会计科目，不得计入捐赠收入，不得开具公益事业捐赠票据。

（二）基金会进行交换交易，应当保护自身和社会公众的合法权益。不得以低于公允价值的价格出售物资、提供服务、授权或者转让无形资产；不得以高于公允价值的价格购买产品和服务。

（三）基金会不得将本组织的名称，公益项目品牌等其他应当用于公益目的的无形资产用于非公益目的。

（四）基金会不得直接宣传、促销、销售企业的产品和品牌；不得为企业及其产品提供信誉或者质量担保。

（五）基金会不得向个人、企业直接提供与公益活动无关的借款。

（六）基金会进行保值增值活动时，应当遵守以下规定：

1. 基金会进行保值增值应当遵守合法、安全、有效的原则。符合基金会的宗旨，维护基金会的信誉，遵守与捐赠人和受助人的约定，保证公益支出的实现；

2. 基金会可用于保值增值的资产限于非限定性资产、在保值增值期间暂不需要拨付的限定性资产；

3. 基金会进行委托投资，应当委托银行或者其他金融机构进行。

三、基金会的信息公布

（一）基金会的信息公布工作，应当符合《基金会信息公布办法》的要求。

（二）基金会通过义演、义赛、义卖、义展等活动进行募捐时，应当在开展募捐前向社会公布捐赠人权利义务、资金详细使用计划、成本预算；在资金使用过程中计划有调整的，应当及时向公众公布调整后的计划。

（三）基金会通过募捐以及为自然灾害等突发事件接受的公益捐赠，应当在取得捐赠收入后定期在本组织网站和其他媒体上公布详细的收入和支出明细，包括：捐赠收入、直接用于受助人的款物、与所开展的公益项目相关的各项直接运行费用等，在捐赠收入中列支了工作人员工资福利和行政办公支出的，还应当公布列支的情况。项目运行周期大于 3 个月的，每 3 个月公示 1 次；所有项目应当在项目结束后进行全面公示。

（四）捐赠人有权查询捐赠财产的使用、管理情况。对于捐赠人的查询，基金会应当及时如实答复。

（五）基金会的年度工作报告除在登记管理机关指定的媒体上公布外，还应当置备于本基金会，接受捐赠人的查询。

（六）基金会应当及时向社会公众公布下列信息：

1. 发起人；

2. 主要捐赠人；

3. 基金会理事主要来源单位；

4. 基金会投资的被投资方；

5. 其他与基金会存在控制、共同控制或者重大影响关系的个人或组织；

6. 基金会与上述个人或组织发生的交易。

（七）基金会应当建立健全内部制度，将所有分支机构、代表机构、专项基金以及各项业务活动纳入统一管理。

基金会应当在内部制度中对下列问题做出规定：

1. 各项工作人员工资福利和行政办公支出（以下简称日常运作费用）的支付标准、列支原则、审批程序，以及占基金会总支出的比例；

2. 开展公益项目所发生的与该项目直接相关的运行成本（以下简称项目直接成本）的支付标准、列支原则、审批程序，以及占该项目总支出的比例；

3. 资产管理和处置的原则、风险控制机制、审批程序，以及用于投资的资产占基金会总资产的比例。

基金会的内部制度，应当在登记管理机关指定的媒体或者本组织网站等其他便于社会公众查询的媒体上予以公开。

本规定适用于在民政部门登记注册的基金会和其他具有公益性捐赠税前扣除资格的社会团体。